OPIc

진짜학습지

IH

Week

1

OPIc
진짜학습지 IH

초판 4쇄 발행 2025년 7월 15일

지은이 멀티캠퍼스·시원스쿨어학연구소
펴낸곳 (주)에스제이더블유인터내셔널
펴낸이 양홍걸 이시원

홈페이지 www.siwonschool.com
주소 서울시 영등포구 영신로 166 시원스쿨
교재 구입 문의 02)2014-8151
고객센터 02)6409-0878

ISBN 979-11-6150-584-8 13740
Number 1-110806-12123000-04

Week

1

이번 주 학습 목표

◈ OPIc 평가 기준과 등급 체계에 대해 이해할 수 있다.

◈ IH 레벨 획득을 위한 학습 포인트를 익힐 수 있다.

◈ Background Survey와 Self-Assessment에 따른 문항 유형을 익힐 수 있다.

전체 MP3 모음

OPIc 기본 정보 및 IH 레벨 공략 가이드

한 눈에 보는 OPIc (Oral Proficiency Interview-computer)

1:1
1:1 인터뷰 형식
iBT 기반의 응시자 친화형
외국어 말하기 평가

20
오리엔테이션 약 20분
Background Survey와
Self-Assessment

40
시험 시간 40분
답변 제한 시간 없음

15
총 15개의 문항
선택형 주제 2세트
공통형 주제 2세트
롤플레이 1세트
*사전 선택사항에 따라 바뀔 수 있음

5
5개의 주제
자기 소개와 함께 주제별
총 5세트 출제

3
한 주제에 3 콤보
하나의 주제에 3개의 문제가
연이어 출제

세분화된 성적 등급
Novice Low 등급부터
Advanced Low 등급까지 나뉨
Intermediate Mid 등급은 3단계로
세분화하여 제공(IM1 < IM2 < IM3)

7
다양한 언어
영어, 중국어, 러시아어, 스페인어,
한국어, 일본어, 베트남어

개인 맞춤형 문제 출제
Background Survey를 통한
문제 출제

총괄적 평가 방식
문제당 개별 점수 없음

평가 목적과 평가 영역

1. OPIc의 평가 목적은 아래와 같습니다.

❶ 수험자가 외국어를 활용해 어떤 일을 할 수 있는지 측정하는 것
❷ 실생활의 목적들과 연관하여 언어 기술을 사용할 수 있을지 측정하는 것

수험자가 얼마나 오랫동안 외국어를 학습했는지, 언제, 어디에서, 어떤 이유로 어떻게 습득하였는지 보다는 수험자의 본질적인 언어 활용 능력을 측정하는 데에 초점이 맞춰져 있다는 것을 알 수 있습니다.

2. 상세한 평가 영역은 총 4가지이고 아래와 같습니다.

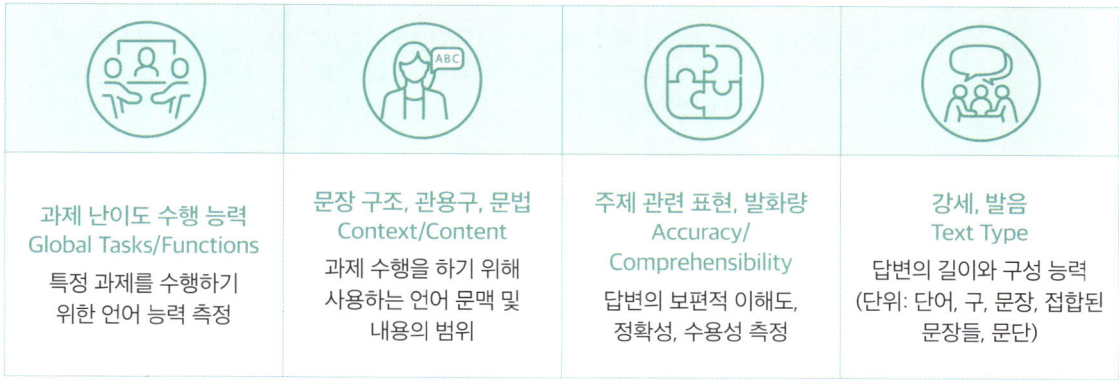

과제 난이도 수행 능력 Global Tasks/Functions	문장 구조, 관용구, 문법 Context/Content	주제 관련 표현, 발화량 Accuracy/ Comprehensibility	강세, 발음 Text Type
특정 과제를 수행하기 위한 언어 능력 측정	과제 수행을 하기 위해 사용하는 언어 문맥 및 내용의 범위	답변의 보편적 이해도, 정확성, 수용성 측정	답변의 길이와 구성 능력 (단위: 단어, 구, 문장, 접합된 문장들, 문단)

우리가 흔히 알고 있는 문법(Grammar), 어휘(Vocabulary), 발음(Pronunciation) 등의 요소는 위 평가영역 중 하나의 영역에 포함된 요소에 불과한데, OPIc은 총체적이고 다면적인 언어 수행 능력을 평가하는 시험이라는 것을 보여줍니다.

주제별 문제 유형 및 난이도

높은 등급을 받으려면 **나를 비롯한 우리, 주변 사물이나 서비스, 사회에 대한 답변이 가능**해야 합니다. 또한 주변에서 발생하는 사건이나 본인이 느끼는 감정에 대해 **다양한 시제**를 활용해 답변할 수 있어야 합니다. 세 가지 prompt 별로 요구되는 역량은 아래와 같습니다.

Novice Prompt	Intermediate Prompt	Advanced Prompt
나의 이야기, 단순 묘사	장소 묘사, 특정 일과 설명, 순차적으로 과거 설명, 질문하기(롤플레이)	과거 특정 에피소드 설명, 과거/현재 비교, 상황 해결하기(롤플레이)

등급 체계

OPIc은 면대면 인터뷰인 OPI를 최대한 인터뷰와 가깝게 만든 iBT 기반의 응시자 친화형 외국어 말하기 평가입니다.

NL	NM	NH	IL	IM	IH	AL
Novice Low	Novice Mid	Novice High	Intermediate Low	Intermediate Mid	Intermediate High	Advanced Low

LEVEL		레벨별 요약설명
AL	Advanced Low	생각, 경험을 유창히 표현하는 수준, 일괄적인 시제 관리, 묘사 및 설명에 다양한 형용사를 사용, 적절한 접속사/연결어 사용으로 문장 간의 결속력이 높고 문단의 구조를 능숙히 구성한다. 익숙하지 않은 복잡한 상황에서도 문제를 설명, 해결할 수 있다.
IH	Intermediate High	문법적으로 크게 오류가 없는 문단 단위의 언어를 구사하고 기본적인 토론과 업무 관련 의사소통이 가능하다. 익숙하지 않거나 예측하지 못한 복잡한 상황을 만날 때, 대부분의 상황에서 사건을 설명하고 문제를 효과적으로 해결 가능하다. 발화량이 많고 다양한 어휘를 사용한다.
IM	Intermediate Mid	문법적 오류를 범하나 문장 단위의 언어를 구사하고 깊은 토론 외의 의사소통이 가능하다. 일상적인 소재 및 익숙한 상황을 문장으로 표현할 수 있다. 다양한 문장 형식이나 어휘를 실험적으로 사용하려고 하며 상대방이 조금만 배려해 주면 오랜 시간 대화가 가능하다.
IL	Intermediate Low	일상적인 소재에 한해서 짧은 문장으로 구성하며 말할 수 있다. 대화에 참여하고 선호하는 소재에서는 자신감을 가지고 말할 수 있다.
NH	Novice High	단어나 어구를 통한 의사소통이 가능하며, 일상적이고 간단한 대화가 가능하다. 일상적인 소재에 대해 복합적인 단어 혹은 문장으로 말할 수 있다.
NM	Novice Mid	이미 암기한 단어나 문장으로 말하기를 할 수 있다.
NL	Novice Low	제한적인 수준이지만 영어 단어를 나열하며 말할 수 있다.

IM 등급은 Fluency, Delivery, Production을 기준으로 IM1(하), IM2(중), IM3(상)으로 세분화 되어 제공합니다.

등급 활용

OPIc 시험 성적은 신입/경력 채용 및 인사고과 뿐만 아니라 인재 선발, 교육 평가 등 약 1,700여개의 기업 및 공기관과 다수의 대학교에서 영어 말하기 능력을 평가하는 언어 평가 도구로 활용되고 있습니다.

단체 유형별

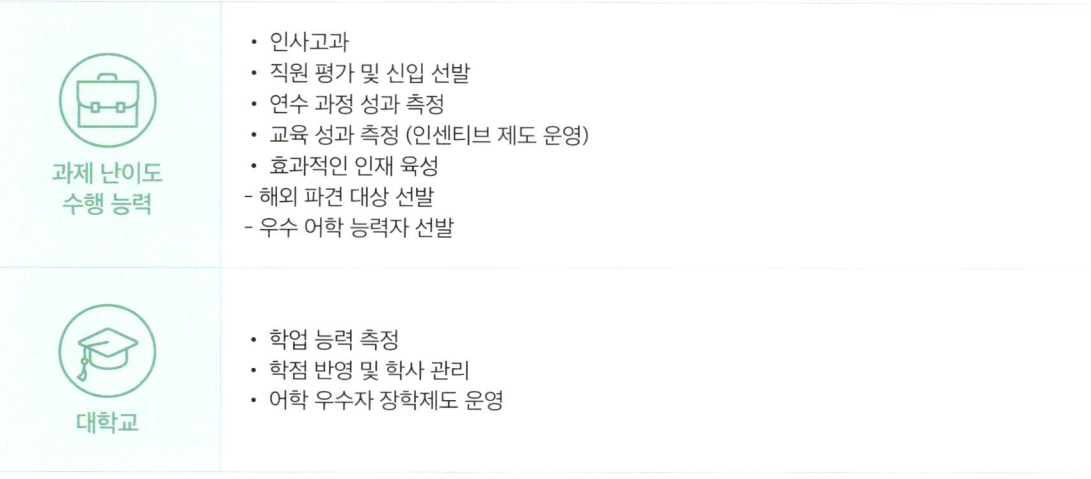

과제 난이도 수행 능력	• 인사고과 • 직원 평가 및 신입 선발 • 연수 과정 성과 측정 • 교육 성과 측정 (인센티브 제도 운영) • 효과적인 인재 육성 - 해외 파견 대상 선발 - 우수 어학 능력자 선발
대학교	• 학업 능력 측정 • 학점 반영 및 학사 관리 • 어학 우수자 장학제도 운영

목적별

신입 채용 및 인사고과	• 신입/경력 채용 시 어학 자격 제출 제도화 • 2차 전형 인터뷰 대체 • 인사제도 내 OPIc 도입 • 승진 시 자격기준, 가산점 부여
교육 평가	• 교육/연수 과정 사전/후 평가 • 어학능력 향상도 측정
인력 선발	• 해외 주재원 선발 자격 기준 • 우수 어학 능력자 선발

출처: 멀티캠퍼스, www.multicampus.com, 오픽 활용방안 및 OPIc 브로슈어

Background Survey

본 시험을 시작하기 전 Background Survey 응답을 기초로 개인 맞춤형 문항이 출제됩니다. 단기간 목표 등급 획득을 위한 추천 선택지를 아래와 같이 제시합니다.

1. 현재 귀하는 어느 분야에 종사하고 계십니까?

☐ 사업/회사   ☐ 재택근무/재택사업   ☐ 교사/교육자   ☐ 군 복무   ☑ 일 경험 없음

1.1. 현재 귀하는 직업이 있으십니까?

☐ 네   ☑ 아니오

2. 현재 귀하는 학생이십니까?

☐ 네   ☑ 아니오

2.2. 최근 어떤 강의를 수강했습니까?

☐ 학위 과정 수업
☐ 전문 기술 향상을 위한 평생 학습
☐ 어학 수업
☑ 수업 등록 후 5년 이상 지남

3. 현재 귀하는 어디에 살고 계십니까?

☑ 개인 주택이나 아파트에 홀로 거주
☐ 친구나 룸메이트와 함께 주택이나 아파트에 거주
☐ 가족(배우자/자녀/기타 가족 일원)과 함께 주택이나 아파트에 거주
☐ 학교 기숙사
☐ 군대 막사

아래의 4~7번 문항에서 12개 이상을 선택해 주시기 바랍니다.

4. 귀하는 여가 활동으로 주로 무엇을 하십니까? (두개 이상 선택)

☑ 영화 보기	☐ 클럽/나이트 클럽 가기	☐ 술집/바에 가기
☐ 박물관 가기	☑ 공원 가기	☐ 당구 치기
☐ 스포츠 관람	☐ 주거 개선	☐ 시험대비 과정 수강하기
☐ 게임하기	☐ 친구들에게 문자 대화하기	☐ 뉴스 보거나 듣기
☐ SNS에 글 올리기	☐ 리얼리티쇼 시청하기	☑ 쇼핑하기
☑ TV보기	☐ 스파/마사지샵 가기	☐ 구직활동 하기
☐ 요리 관련 프로그램 시청하기	☑ 공연 보기	☑ 콘서트 보기
☐ 차로 드라이브하기	☐ 캠핑하기	☑ 해변 가기
☑ 카페/커피 전문점 가기	☐ 체스하기	☐ 자원 봉사하기

5. 귀하의 취미나 관심사는 무엇입니까? (한 개 이상 선택)

☐ 아이에게 책 읽어주기	☑ 음악 감상하기	☐ 악기 연주하기
☐ 글쓰기(편지, 단문, 시 등)	☐ 그림 그리기	☐ 요리하기
☐ 독서	☐ 주식 투자하기	☐ 신문 읽기
☐ 사진 촬영하기	☐ 혼자 노래 부르거나 합창하기	☐ 춤추기

6. 귀하는 주로 어떤 운동을 즐기십니까? (한 개 이상 선택)

☐ 농구	☐ 야구/소프트볼	☐ 축구
☐ 미식 축구	☐ 하키	☐ 크리켓
☐ 골프	☐ 배구	☐ 테니스
☐ 배드민턴	☐ 탁구	☐ 수영
☐ 자전거	☐ 스키/스노보드	☐ 아이스 스케이트
☑ 조깅	☑ 걷기	☐ 요가
☐ 하이킹/트레킹	☐ 낚시	☐ 헬스
☐ 태권도	☐ 운동 수업 수강하기	☑ 운동을 전혀 하지 않음

7. 당신은 어떤 휴가나 출장을 다녀온 경험이 있습니까? (한 개 이상 선택)

☐ 국내 출장	☐ 해외 출장	☑ 집에서 보내는 휴가
☑ 국내 여행	☐ 해외 여행	

Self-Assessment

OPIc시험에서는 응시자가 스스로 시험의 난이도를 결정할 수 있습니다. 본 Self Assessment에 대한 응답을 기초로 개인 맞춤형 문제가 출제됩니다. 단계 선택에 따라 아래와 같이 Format 1,2,3으로 나뉘어지며 수험자가 받을 수 있는 최고 등급과 총 문항 수, 문항 유형이 결정됩니다.

Format 1	🔊 샘플 답변 듣기	나는 10단어 이하의 단어로 말할 수 있습니다.
	🔊 샘플 답변 듣기	나는 기본적인 물건, 색깔, 요일, 음식, 의류, 숫자 등을 말할 수 있습니다. 나는 항상 완벽한 문장을 구사하지 못하고 간단한 질문도 하기 어렵습니다.
Format 2	🔊 샘플 답변 듣기	나는 나 자신, 직장, 친한 사람과 장소, 일상에 대한 기본적인 정보를 간단히 문장으로 전달할 수 있습니다. 간단한 질문을 할 수 있습니다.
	🔊 샘플 답변 듣기	나는 나 자신, 일상, 일/학교와 취미에 대해 간단한 대화를 할 수 있습니다. 나는 이 친근한 주제와 일상에 대해 쉽고 간단한 문장들을 만들 수 있습니다. 나는 또한 내가 원하는 질문도 할 수 있습니다
Format 3	🔊 샘플 답변 듣기	나는 친근한 주제와 가정, 일, 학교, 개인과 사회적 관심사에 대해 자신있게 대화할 수 있습니다. 나는 일어난 일과 일어나고 있는 일, 일어날 일에 대해 합리적으로 자신있게 말할 수 있습니다. 필요한 경우 설명도 할 수 있습니다. 일상 생활에서 예기치 못한 상황이 발생하더라도 임기응변으로 대처할 수 있습니다.
	🔊 샘플 답변 듣기	나는 개인적으로 사회적 또는 전문적 주제에 나의 의견을 제시하여 토론할 수 있습니다. 나는 다양하고 어려운 주제에 대해 정확하고 다양한 어휘를 사용하여 자세히 설명할 수 있습니다.

	전체 문항 수	문항 유형	최고 등급
Format 1	12	ADV 0 / INT 8 / NOV 4	IL
Format 2	15	ADV 5 / INT 8 / NOV 2	IH
Format 3	15	ADV 9 / INT 5 / NOV 1	AL

ADV: 과거 경험 설명, 과거/현재 비교, 상황 해결   INT: 장소 묘사, 특정 일과 설명, 순차적 과거 설명, 질문하기   NOV: 나의 이야기, 단순 묘사

OPIc 주관사에서 알려주는 IH 레벨의 모든 것

1. IH 레벨을 받는 수험자들의 공통적인 특성은 무엇인가요?

크게 시제 관리와 정확도 두 가지로 설명할 수 있습니다. 과거/미래에 대한 기술 및 서술에서 적절한 **시제 유지에 실패**하거나 **문단 구성 및 지속이 부족**한 경우가 잦습니다. 또한 발음을 포함한 **전반적인 정확도가 떨어지는 것**이 공통된 특성입니다.

2. IH 레벨을 받는 사람들의 취약점은 무엇인가요?

문단 길이의 답변을 구성하고 유지하는데 어려움이 있다는 점입니다. 문장 단위로 답변하는 데는 어려움이 없지만 상대적으로 발화의 길이가 길어지면 문법 및 발음에서 오류가 발견되는 경우가 많았습니다.

3. 한국인 학습자들이 상위 레벨을 받지 못하는 언어적 특징은 무엇인가요?

일단 전체 레벨에서 공통적으로 필요하다고 판단되는 강화 필요 요소는 문항 유형에 관계없이 **유동적인 언어 사용, 폭넓은 시제 사용, 다양한 문항 수행 능력 향상, 어휘력 증강, 피드백이 동반된 지속적인 의사 소통 연습**이 요구됩니다.

특히, IH 레벨을 받기 위해서는 **Intermediate 수준의 활동 또는 일상 생활**에 대해 말할 수 있어야 하고, **Advanced 수준의 과거 묘사하기** 그리고 **문단 수준과 문장 구성력**이 요구됩니다.

4. IH 레벨을 받기 위해 중점적으로 학습해야 하는 부분은 무엇인가요?

전략 1 **다양한 어휘 전략**

• 반복되지 않는 다양한 어휘 사용과 특정 주제에 특화된 어휘/표현 사용하기
• 문장 사이에 filler를 넣어 자연스럽게 말하기

전략 2 **비교/대조/변화 유형의 문제 답변 전략**

• 공통형 및 사회적 이슈에 관한 어휘/문장/표현 미리 알아두기
• 다양한 시제를 활용해 효과적인 답변 구성하기

전략 3 **말하기/발화량 전략**

• 연결어(관계대명사, 접속사 등)를 사용해 문장을 길게 만들기
• 간단한 형식의 문장 구조 보다는 다양한 문장 구조 사용하기
• 관계대명사를 활용하여 반복된 어휘 사용 줄이기

전략 4 **롤플레이 전략**

• 롤플레이 역할극을 실제 상황에 처한 것과 같이 연기력을 더해 연습하기
• 단순한 질문의 반복 보다는 간접 의문문을 활용해 문장 구조 다양화하기

문항 구성

자기소개	1 자기소개(직장인)	선택형 영화 보기	8 좋아하는 영화 장르
공통형 휴대폰	2 휴대폰의 장점		9 좋아하는 영화 배우
	3 휴대폰 사용 목적		10 최근 영화 관람
	4 처음 사용했던 휴대폰	롤플레이 (공통형) 호텔/물건 분실	11 호텔 주변에 할 것들 질문
선택형 음악 감상하기	5 좋아하는 음악/가수		12 가방을 택시에 놓고 온 상황 문제 해결
	6 음악을 듣는 경향		13 물건 분실 경험
	7 음악에 관심을 갖게 된 계기	공통형 기술/산업	14 관심 산업의 과거와 현재 비교
			15 불만족스러웠던 상품이나 서비스

시험 난이도 ★ ★ ★ ☆ ☆

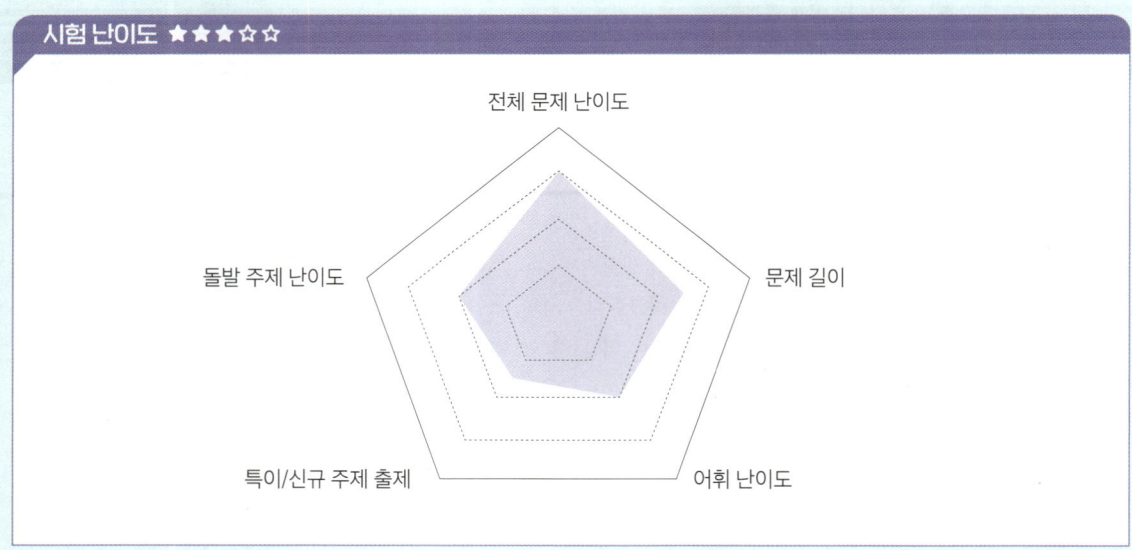

전체 문제 난이도

돌발 주제 난이도

문제 길이

특이/신규 주제 출제

어휘 난이도

Self-Assessment 4-4

STEP 1 어휘와 패턴 익히기

제시된 오늘의 어휘와 패턴을 익히고 답변에 사용하고자 하는 어휘나 패턴에 체크해보세요

어휘

☐	원룸	studio apartment
☐	혼자	by myself
☐	고향	hometown
☐	성격	personality
☐	외향적인	extroverted
☐	사회성이 좋은	social
☐	사교적인	outgoing
☐	~에서 일을 하다	work at

패턴

• As for my personality,   내 성격에 대해 말하자면,

As for my personality, I'm an outgoing person.
제 성격에 대해 말하자면, 저는 사교적인 사람입니다.

_____, I'm a meticulous person.
제 성격에 대해 말하자면, 저는 꼼꼼한 사람입니다.

• in my early/mid/late 30s   30대 초반/중반/후반의

I'm in my early 30s.
저는 30대 초반입니다.

I graduated from the university _____.
저는 30대 초반에 대학을 졸업했습니다.

• be excited to ~   ~하는 것이 신나다

I'm excited to be here.
저는 오늘 이곳에 올 수 있어서 신납니다.

I _____ talk to you.
당신과 이야기할 수 있어서 신납니다.

실전 문제를 듣고 아래 핵심 아이디어를 확인한 뒤 소리내 말해보세요.

🔊 MP3 1_1

Q1 **자기소개**

Let's start the interview now. Tell me a little bit about yourself.

인터뷰를 시작합니다. 당신에 대해 말해주세요.

모범답변

🔊 MP3 1_2

| 도입부

이곳에 올 수 있어 기쁨
excited to be here

> Hello, Ava! I'm excited to be here. Let me tell you a little about myself.
>
> 안녕하세요, 에바. 오늘 이곳에 올 수 있어서 신나요. 저에 대해 조금 이야기할게요.

| 본문

- 30대 초반임
  in my early 30s
- 가족은 부산에 살고 있음
  My family lives in Busan
- 외향적, 사회성이 좋고 사교적임
  extroverted, a social and outgoing person
- 전자 대기업에서 일함
  working at a major electronics company

> First of all, my name is Lucas, and I'm in my early 30s. I live in a studio apartment in Seoul by myself. My family lives in Busan, which is my hometown. My father, mother, and younger sister all live there. As for my personality, I'm extroverted, so I'm a social and outgoing person. I've been working at a major electronics company for four years. I work a lot, but I love what I do.
>
> 우선 제 이름은 루카스이고 30대 초반이에요. 서울에 있는 원룸에서 혼자 살고 있어요. 제 가족들은 저의 고향인 부산에 살고 있어요. 저의 아버지, 어머니, 그리고 여동생까지 그곳에 있어요. 제 성격에 대해 말하자면, 저는 외향적이어서 사회성이 좋고 사교적인 사람이에요. 4년째 전자 대기업에서 일하고 있어요. 일을 많이 하지만, 제가 하는 일을 좋아해요.

| 마무리

이게 다임
that's everything

> I think that's everything there is about me.
>
> 그게 저에 대한 다예요.

고득점 어휘/표현

어휘/표현

be excited to ~하는 것이 신나다   in my early 30s 30대 초반의   as for my personality 제 성격에 대해 말하자면
extroverted 외향적인   social 사회성이 좋은   outgoing 사교적인

STEP 1 기출 포인트 파악하기

가장 많이 나오는 3 COMBO 세트

❶ 휴대폰의 장점

What do you like about your phone? Is it its fast wireless connection or clear screen? Or does it do something special? Do you have many useful apps on it? Please tell me in detail why your phone is good?

당신의 휴대폰의 장점은 무엇인가요? 무선 연결의 빠른 속도인가요 아니면 선명한 화면인가요? 혹은 특별한 기능이 있나요? 활용도 높은 어플을 많이 가지고 있나요? 당신의 휴대폰이 좋은 이유를 자세히 말해주세요.

❷ 휴대폰 사용 목적

People use their phones for a lot of different things. They talk with their friends and family, use it as an alarm clock, et cetera. How do you use your phone? Describe what you do with it besides calling and messaging other people. What is your phone's main function?

사람들은 다양한 목적으로 휴대폰을 사용합니다. 친구 혹은 가족들과 대화하거나 알람 시계 등의 목적으로 사용합니다. 당신은 휴대폰으로 무엇을 하나요? 다른 사람과 통화하거나 문자 메시지를 보내는 것 이외에,어떤 기능을 사용하는지 설명해 주세요. 당신이 사용하는 휴대폰의 주요 기능은 무엇인가요?

❸ 처음 사용했던 휴대폰

When did you get your first phone? What did your first phone look like? How does it compare to the phone you have now? How have the appearance and functions of your phone changed? Please tell me about it in as much detail as possible.

당신은 언제 처음으로 휴대폰을 갖게 되었나요? 그 휴대폰은 어떻게 생겼었나요? 현재 가지고 있는 휴대폰과 비교하면 어떤가요? 기능이나 외형에 변화가 있나요? 가능한 자세히 말해주세요.

제시된 오늘의 어휘와 패턴을 익히고 답변에 사용하고자 하는 어휘나 패턴에 체크해보세요.

어휘

☐	무선 연결	wireless connection
☐	선명한 화면	clear screen
☐	애플리케이션	apps (applications)
☐	접이식 화면	foldable screen
☐	기기	device
☐	결제하다	pay for
☐	문자 메시지 보내기	messaging
☐	주요 기능	main function
☐	외형	appearance
☐	키패드	keypad
☐	가벼운	lightweight
☐	예쁜, 멋진	cool-looking
☐	고해상도 화면	high-resolution screen

패턴

• **connect with**   ~와 연결하다

It connects with all my other devices, like my tablet and wireless headphones.
태블릿이나 무선 헤드폰과 같은 다른 기기들과 연결할 수 있습니다.
It is easy to _____ the other electronic devices.
이것은 다른 전자 기기와 연결하기가 쉽습니다.

• **keep in contact with**   ~와 연락을 유지하다

I could only keep in contact with my family and friends on my first phone.
가족, 친구들과 연락 정도만 주고받을 수 있었습니다.
Phones always help us to _____ our friends.
핸드폰은 우리가 늘 친구와 연락을 유지할 수 있도록 돕습니다.

• **compare to**   ~와 비교하다

How does it compare to the phone you have now?
현재 가지고 있는 휴대폰과 비교하면 어떤가요?
_____ a tablet PC, my phone is easy to carry.
태블릿 PC와 비교하면 제 핸드폰은 훨씬 가지고 다니기 쉽습니다.

나만의 문장 만들기

주어진 우리말을 보고 빈칸을 채우고 아래 모범 답안을 확인해보세요.

❶ 휴대폰의 장점

좋은 기능 많음	There are many 좋은 기능 about my phone.
접이식 화면	It has 접이식 screen.
최신 게임 할 수 있음	I can play 최신 모바일 게임 on it.

❷ 휴대폰 사용 목적 – TV쇼 보기, 모바일 게임

무엇이든 할 수 있음	I can 무엇이든 하다 on my smartphone.
TV쇼 보기	I often watch 핸드폰으로 TV쇼 .
최신 모바일 게임	I can play 최신 모바일 게임 아무때나 .

❸ 휴대폰 사용 목적 – 지갑을 대신함

지갑 대신하고 있음	My phone 대신 하고 있다 my wallet.
핸드폰-은행 계좌 연결 되어 있음	My phone is connected to 내 은행 계좌 .
스캔만 하면 모두 결제	I can pay for everything 스캔만 하면 .

❹ 처음 사용 했던 휴대폰 – 무겁고 기본적인 기능만 있음

아직도 생생히 기억	I still remember my first phone 생생히 .
꽤 무겁고, 화면이 너무 작았음	It was 꽤 무거운 , and the screen was 너무 작은 .
전화 하는 것과 기본 문자 밖에 못 보냄	I could only 전화 하다 and send 기본 문자 .

❺ 처음 사용했던 휴대폰 – 현재 휴대폰과 비교

과거: 무겁고 화면 작음	It was 꽤 무거운 , and the screen was 너무 작은 .
현재: 가볍고 예쁨	Today's phones are 가벼운 and 예쁜 .
현재: 고해상도 화면 탑재	It has 큰 and 고해상도 screens.

모범 답안

❶ good qualities / foldable / the latest mobile games
❷ do anything / shows on my phone / the latest mobile games / anytime
❸ has replaced / my bank account / just by scanning
❹ clearly / quite heavy / too small / make calls / basic text messages
❺ quite heavy / too small / lightweight / cool-looking / large / high-resolution

실전 문제를 듣고 빈칸을 채우거나 소리내 말해보고 아래 모범 답안을 확인해보세요.

🔊 MP3 1_3

Q2 휴대폰의 장점

What do you like about your phone? Is it its fast wireless connection or clear screen? Or does it do something special? Do you have many useful apps on it? Please tell me in detail why your phone is good.

당신의 휴대폰의 장점은 무엇인가요? 무선 연결의 빠른 속도인가요 아니면 선명한 화면인가요? 혹은 특별한 기능이 있나요? 활용도 높은 어플을 많이 가지고 있나요? 당신의 휴대폰이 좋은 이유를 자세히 말해주세요.

모범답변

| 도입부

There are many   ~에 대한 좋은 기능   my phone. I think it's definitely one of the best available.

제 휴대폰은 좋은 기능이 많이 있어요. 분명히 시중에 나와있는 제품 중에서도 최고라고 생각해요.

| 본문

First, it has a   접이식 화면 . It fits comfortably in my pocket, but I can make the screen   더 크게   when I'm watching videos on YouTube. Second, it   ~와 연결하다   all my other devices, like my tablet PC and   무선 헤드폰 . This makes it really easy for me to listen to   내가 좋아하는 음악 . Finally, I can play   최신 모바일 게임   on it. It has a high-resolution screen which is   완벽한   for gaming.

우선, 접이식 화면이에요. 주머니에 쏙 들어가지만, 유튜브로 영상을 볼 때는 화면을 더 크게 조정할 수 있죠. 둘째로, 태블릿 PC나 무선 헤드폰과 같은 다른 기기들과 연결할 수 있어요. 제가 좋아하는 음악을 듣기 쉽게 만들어 주죠. 마지막으로, 최신 모바일 게임을 할 수 있어요. 고화질 화면이 있어서 게임하기에 완벽하죠.

| 마무리

These are the reasons why I think my phone is the best.

이러한 이유들로 제 휴대폰이 최고라고 생각해요.

모범 답안

good qualities about / foldable screen / larger / connects with / wireless headphones / my favorite music / the latest mobile games / perfect

Q2 휴대폰의 장점

What do you like about your phone? Is it its fast wireless connection or clear screen? Or does it do something special? Do you have many useful apps on it? Please tell me in detail why your phone is good.

당신의 휴대폰의 장점은 무엇인가요? 무선 연결의 빠른 속도인가요 아니면 선명한 화면인가요? 혹은 특별한 기능이 있나요? 활용도 높은 어플을 많이 가지고 있나요? 당신의 휴대폰이 좋은 이유를 자세히 말해주세요.

모범답변

◀》 MP3 1_4

| 도입부

좋은 기능 많이 있음
many good qualities about my phone

There are many good qualities about my phone. I think it's definitely one of the best available.

제 휴대폰은 좋은 기능이 많이 있어요. 분명히 시중에 나와있는 제품 중에서도 최고라고 생각해요.

| 본문

• 접이식 화면
  foldable screen

• 다른 기기와 연결 가능
  connect with other devices

• 최신 게임 가능
  can play the latest mobile games

First, it has a foldable screen. It fits comfortably in my pocket, but I can make the screen larger when I'm watching videos on YouTube. Second, it connects with all my other devices, like my tablet PC and wireless headphones. This makes it really easy for me to listen to my favorite music. Finally, I can play the latest mobile games on it. It has a high-resolution screen which is perfect for gaming.

우선, 접이식 화면이에요. 주머니에 쏙 들어가지만, 유튜브로 영상을 볼 때는 화면을 더 크게 조정할 수 있죠. 둘째로, 태블릿 PC나 무선 헤드폰과 같은 다른 기기들과 연결할 수 있어요. 제가 좋아하는 음악을 듣기 쉽게 만들어 주죠. 마지막으로, 최신 모바일 게임을 할 수 있어요. 고화질 화면이 있어서 게임하기에 완벽하죠.

| 마무리

내 휴대폰이 최고
my phone is the best

These are the reasons why I think my phone is the best.

이러한 이유들로 제 휴대폰이 최고라고 생각해요.

고득점 어휘/표현

어휘/표현

good qualities 좋은 기능   definitely 분명히   foldable screen 접이식 화면   comfortably 수월하게, 아무 문제없이   fit in 들어가다
connect with ~와 연결하다   device 장치   wireless headphone 무선 헤드폰   latest 가장 최신의(최근의)
high-resolution 고화질, 고해상도

Q3 휴대폰의 사용 목적

People use their phones for a lot of different things. They talk with their friends and family, use it as an alarm clock, et cetera. How do you use your phone? Describe what you do with it besides calling and messaging other people. What is your phone's main function?

사람들은 다양한 목적으로 휴대폰을 사용합니다. 친구 혹은 가족들과 대화하거나 알람 시계 등의 목적으로 사용합니다. 당신은 휴대폰으로 무엇을 하나요? 다른 사람과 통화하거나 문자 메시지를 보내는 것 이외에, 어떤 기능을 사용하는지 설명해 주세요. 당신이 사용하는 휴대폰의 주요 기능은 무엇인가요?

모범답변

| 도입부

Nowadays, it seems like I can do anything on my smartphone.

요즘에는 스마트폰으로 무엇이든 할 수 있다고 생각해요.

| 본문

First, I spend a lot of time commuting to work, so I often watch shows on my phone, especially on Netflix. Basically, I always have a TV in my pocket. Second, I like to play mobile games on my phone. I can play them anytime, 제가 어디에 있든지 , so I do this while commuting, too. Finally, my phone has pretty much replaced my wallet. My phone is ~에 연결되어 있는 my bank account, so I can 결제하다 everything just by scanning it. I 거의 ~ 않다 ever use my bank cards anymore.

첫째로, 저는 통근 시간이 길기 때문에 주로 넷플릭스에서 프로그램을 시청해요. 주머니 속에 항상 TV를 넣어 다니는 셈이죠. 둘째로, 저는 휴대폰 게임 하는 것을 좋아해요. 제가 어디에 있든지 상관없이 아무 때나 할 수 있어서 통근길에도 하죠. 마지막으로, 휴대폰은 제 지갑을 대신하고 있어요. 휴대폰이 은행 계좌와 연결되어 있어 스캔만 하면 무엇이든 결제할 수 있죠. 더 이상 은행 카드를 사용하지 않게 되었어요

| 마무리

These are some of the ways I use my smartphone.

이것이 제가 스마트폰을 사용하는 방법이에요.

모범 답안

no matter where I am / connected to / pay for / hardly

Q3 **휴대폰의 사용 목적**

People use their phones for a lot of different things. They talk with their friends and family, use it as an alarm clock, et cetera. How do you use your phone? Describe what you do with it besides calling and messaging other people. What is your phone's main function?

사람들은 다양한 목적으로 휴대폰을 사용합니다. 친구 혹은 가족들과 대화하거나 알람 시계 등의 목적으로 사용합니다. 당신은 휴대폰으로 무엇을 하나요? 다른 사람과 통화하거나 문자 메시지를 보내는 것 이외에, 어떤 기능을 사용하는지 설명해 주세요. 당신이 사용하는 휴대폰의 주요 기능은 무엇인가요?

모범답변　　　　　　　　　　　　　　　　　　　　　🔊 MP3 1_6

| 도입부

무엇이든 할 수 있음
can do anything

Nowadays, it seems like I can do anything on my smartphone.
요즘에는 스마트폰으로 무엇이든 할 수 있다고 생각해요.

| 본문

- TV쇼 시청
  watch shows
- 휴대폰 게임
  play mobile games
- 무엇이든 결제
  pay for everything

First, I spend a lot of time commuting to work, so I often watch shows on my phone, especially on Netflix. Basically, I always have a TV in my pocket. Second, I like to play mobile games on my phone. I can play them anytime, no matter where I am, so I do this while commuting, too. Finally, my phone has pretty much replaced my wallet. My phone is connected to my bank account, so I can pay for everything just by scanning it. I hardly ever use my bank cards anymore.

첫째로, 저는 통근 시간이 길기 때문에 주로 넷플릭스에서 프로그램을 시청해요. 주머니 속에 항상 TV를 넣어 다니는 셈이죠. 둘째로, 저는 휴대폰 게임 하는 것을 좋아해요. 제가 어디에 있든지 상관없이 아무 때나 할 수 있어서 통근길에도 하죠. 마지막으로, 휴대폰은 제 지갑을 대신하고 있어요. 휴대폰이 은행 계좌와 연결되어 있어 스캔만 하면 무엇이든 결제할 수 있죠. 더 이상 은행 카드를 사용하지 않게 되었어요.

| 마무리

스마트폰을 사용하는 방법
the ways I use my smartphone

These are some of the ways I use my smartphone.
이것이 제가 스마트폰을 사용하는 방법이에요.

고득점 어휘/표현

어휘/표현

commute 통근하다　especially 특히　basically 기본적으로　no matter where I am 제가 어디에 있든지　replace 대신하다
bank account 은행 계좌

Q4 처음 사용했던 휴대폰

When did you get your first phone? What did your first phone look like? How does it compare to the phone you have now? How have the appearance and functions of your phone changed? Please tell me about it in as much detail as possible.

당신은 언제 처음으로 휴대폰을 갖게 되었나요? 그 휴대폰은 어떻게 생겼었나요? 현재 가지고 있는 휴대폰과 비교하면 어떤가요? 기능이나 외형에 변화가 있나요? 가능한 자세히 말해주세요.

모범답변

I 도입부

I still remember my first phone clearly. It [~에게 아주 큰 일이었다] me to get one when I was in middle school. But, it wasn't very good.

제 첫번째 휴대폰은 아직도 생생히 기억나요. 중학교 때, 핸드폰을 갖는 건 아주 큰 일이었어요. 하지만, 제 것은 그리 좋지 않았죠.

I 본문

I remember that it was quite heavy, and the screen was too small. The phone was about the size of a big chocolate bar. It wasn't a smartphone, so I could only make calls and send basic text messages. I couldn't even use KakaoTalk, which I was upset about. I don't think my phone even had a camera. Today's phones are [가벼운] and [예쁜], with large, [고해상도 화면], and they can do almost anything with apps. [반대로], I could only [~와 연락하다] my family and friends on my first phone. It was pretty boring.

제가 기억하기로는 꽤 무거웠고 화면이 진짜 작았어요. 크기는 큰 초코바만한 사이즈였어요. 스마트폰이 아니었기 때문에 전화나 간단한 메시지 전송만 가능했죠. 더 마음에 들지 않는 건, 카카오톡조차 사용할 수 없었다는 거예요. 심지어 카메라 기능도 없었던 것 같아요. 요즘 휴대폰은 가볍고 예쁜데다, 큰 고해상도 화면이 탑재되어 있고 애플리케이션을 이용해 거의 모든 일을 할 수 있어요. 반대로, 제 첫 휴대폰은 가족, 친구들과 연락 정도만 주고받을 수 있었어요. 사용하기에 너무 지루했죠.

I 마무리

I think these are the biggest differences, but there are many more.

더 많은 것들이 있지만, 이 정도가 가장 큰 차이점이라고 생각해요.

모범 답안

was a big deal for / lightweight / cool-looking / high-resolution screens / In comparison / keep in contact with

Q4 처음 사용했던 휴대폰

When did you get your first phone? What did your first phone look like? How does it compare to the phone you have now? How have the appearance and functions of your phone changed? Please tell me about it in as much detail as possible.

당신은 언제 처음으로 휴대폰을 갖게 되었나요? 그 휴대폰은 어떻게 생겼었나요? 현재 가지고 있는 휴대폰과 비교하면 어떤가요? 기능이나 외형에 변화가 있나요? 가능한 자세히 말해주세요.

모범답변

(MP3 1_8)

| 도입부

아직도 생생하게 기억
remember clearly

I still remember my first phone clearly. It was a big deal for me to get one when I was in middle school. But, it wasn't very good.

제 첫번째 휴대폰은 아직도 생생히 기억나요. 중학교 때, 핸드폰을 갖는 건 아주 큰 일이었어요. 하지만, 제 것은 그리 좋지 않았죠.

| 본문

- 전화, 메시지만 가능
  only make calls and send basic text messages

- 요즘 휴대폰은 가볍고 예쁨
  today's phones are lightweight and cool-looking

- 연락 정도만 주고받음
  only keep in contact with [대상]

I remember that it was quite heavy, and the screen was too small. The phone was about the size of a big chocolate bar. It wasn't a smartphone, so I could only make calls and send basic text messages. I couldn't even use KakaoTalk, which I was upset about. I don't think my phone even had a camera. Today's phones are lightweight and cool-looking, with large, high-resolution screens, and they can do almost anything with apps. In comparison, I could only keep in contact with my family and friends on my first phone. It was pretty boring.

제가 기억하기로는 꽤 무거웠고 화면이 진짜 작았어요. 크기는 큰 초코바만한 사이즈였어요. 스마트폰이 아니었기 때문에 전화나 간단한 메시지 전송만 가능했죠. 더 마음에 들지 않는 건, 카카오톡조차 사용할 수 없었다는 거예요. 심지어 카메라 기능도 없었던 것 같아요. 요즘 휴대폰은 가볍고 예쁜데다, 큰 고해상도 화면이 탑재되어 있고 애플리케이션을 이용해 거의 모든 일을 할 수 있어요. 반대로, 제 첫 휴대폰은 가족, 친구들과 연락 정도만 주고받을 수 있었어요. 사용하기에 너무 지루했죠.

| 마무리

이 정도가 가장 큰 차이점
theses are the biggest differences

I think these are the biggest differences, but there are many more.

더 많은 것들이 있지만, 이 정도가 가장 큰 차이점이라고 생각해요.

고득점 어휘/표현

어휘/표현

appearance 외형   function 기능   clearly 생생하게   a big deal 큰 일   lightweight 가벼운   cool-looking 예쁜, 멋진   high-resolution screen 고해상도 화면   keep in contact with ~와 연락하다

• 휴대폰의 장점

• 휴대폰의 사용 목적

• 처음 사용했던 휴대폰

STEP 1 기출 포인트 파악하기

가장 많이 나오는 3 COMBO 세트

❶ 좋아하는 음악/가수

You indicated in the survey that you enjoy listening to music. What type of music do you usually listen to? What do you like about it? Who is your favorite musician or group? Tell me everything about why they are your favorite.

설문조사에서 당신은 음악 감상을 즐긴다고 했습니다. 어떤 종류의 음악을 듣나요? 그 장르를 좋아하는 이유는 무엇인가요? 당신이 가장 좋아하는 뮤지션이나 그룹은 누구인가요? 당신이 그 혹은 그녀를 좋아하는 이유에 대해 모두 말해주세요.

❷ 음악을 듣는 경향

I'd like to know more about your interest in listening to music. When do you usually listen to music? Where do you most enjoy listening to music? Do you go to any concerts? Do you go to any other place for live music? Tell me everything about how you listen to music.

당신이 음악 감상을 즐겨하는 것에 대해 더 알고 싶습니다. 주로 언제 음악을 듣나요? 어디에서 음악듣는 것을 좋아하나요? 콘서트에도 가나요? 라이브 음악을 즐기러 가나요? 당신이 음악을 듣는 방법에 대해 모두 말해주세요.

❸ 음악에 관심을 갖게 된 계기

Can you tell me what first got you into listening to music? When did you start listening to music? Did anyone in particular help you get interested in music? What caused you to first take an interest in music?

당신이 음악을 듣는 것에 어떻게 관심이 생겼는지 말해줄 수 있나요? 당신은 언제 처음으로 음악을 듣기 시작했나요? 음악에 관심을 갖게 한 사람이 있었나요? 음악에 관심을 갖게 된 계기는 무엇인가요?

오픽 꿀팁

음악 감상하기 주제가 14, 15번 문제로 등장한다면 아래와 같은 세트로 출제될 수 있다.
Q14 음악 장르 두 가지 혹은 작곡가 두 명의 비슷한 점과 차이점 비교
Q15 음악 감상을 좋아하는 사람들이 사용하는 최신 음악 기기

제시된 오늘의 어휘와 패턴을 익히고 답변에 사용하고자 하는 어휘나 패턴에 체크해보세요.

어휘

☐	좋아하는 뮤지션	favorite musician
☐	모든 종류의	every type of
☐	~에 달려 있다	depend on
☐	기분 좋게 하다	put in a good mood
☐	템포가 빠른	fast-paced
☐	재미있고 외우기 쉬운	catchy
☐	라이브 공연	live performance
☐	인상적인	impressed
☐	좋아하게 되다	click with
☐	~하는 한	as long as

패턴

• be blown away   감탄하다

I'm blown away every time I see them perform.
그들의 공연을 볼 때마다 항상 감탄합니다.

I _____ whenever I listen to his songs.
그의 노래를 들을 때마다 늘 감탄합니다.

• have a big influence on   ~에게 큰 영향을 주다

That moment definitely had a big influence on me.
그 순간이 저에게 큰 영향을 줬습니다.

Her new album _____ me.
그녀의 신규 앨범은 저에게 큰 영향을 줬습니다.

• get addicted to   ~에 중독되다

I think I got kind of addicted to live music from that point.
그 때부터 라이브 음악에 중독되기 시작한 것 같습니다.

I _____ K-pop since I became a big fan of BTS.
BTS의 열성 팬이 된 이후로 케이팝에 중독된 것 같습니다.

나만의 문장 만들기

주어진 우리말을 보고 빈칸을 채우고 아래 모범 답안을 확인해보세요.

❶ 좋아하는 음악 - 케이팝

케이팝 즐겨 들음	I always ___즐겨 듣는다___ to K-pop.
비트가 빨리 진행되고 가사가 외우기 쉬움	The beats are ___빨리 진행 되는___ , and the songs are so ___가사가 외우기 쉬운___ .
가사 쉽게 공감	The lyrics are ___공감하기 쉬운___ .

❷ 좋아하는 가수 – 블랙핑크

지금 좋아하는 가수	My ___좋아하는___ K-pop artist right now is BLACKPINK.
재능있는 가수	They're so ___재능있는___ .
공연 볼 때 마다 감탄	I'm ___감탄하는___ every time I see them ___공연하는 것___ .

❸ 음악을 듣는 경향 – 일하면서 들음

일하면서 들음	I usually listen to music ___일하면서___ .
집중하는데 도움, 일을 더 재미있게 만들어 줌	It ___집중하는데 도움을 준다___ and makes my workday ___더 재미있는___ .
라이브 공연이나 콘서트 감	I will go to ___라이브 공연___ or ___콘서트___ .

❹ 음악에 관심을 갖게 된 계기 - 고등학교 때 갔던 콘서트

고등학교 때 친구들과 함께 간 콘서트	It was back in ___고등학교___ when I went to ___지역 콘서트___ ___내 친구들과 함께___ .
동시에 관중들 춤추기 시작	Everyone in the crowd ___춤을 추기 시작했다___ at the same time.
라이브 음악에 중독	I got kind of ___~에 중독된___ live music.

모범 답안

❶ enjoy listening / fast-paced / catchy / easy to relate to
❷ favorite / talented / blown away / perform
❸ while I'm working / helps me focus / more interesting / a live performance / a concert
❹ high school / a local concert / with my friends / started dancing / addicted to

실전 문제를 듣고 빈칸을 채우거나 소리내 말해보고 아래 모범 답안을 확인해보세요.

🔊 MP3 1_9

Q5 좋아하는 음악/가수

You indicated in the survey that you enjoy listening to music. What type of music do you usually listen to? What do you like about it? Who is your favorite musician or group? Tell me everything about why they are your favorite.

설문조사에서 당신은 음악 감상을 즐긴다고 했습니다. 어떤 종류의 음악을 듣나요? 그 장르를 좋아하는 이유는 무엇인가요? 당신이 가장 좋아하는 뮤지션이나 그룹은 누구인가요? 당신이 그 혹은 그녀를 좋아하는 이유에 대해 모두 말해주세요.

모범답변

| 도입부

I listen to [모든 종류의] music, [제 기분에 따라] , but I suppose I spend the most time listening to K-pop.

제 기분에 따라 모든 종류의 음악을 듣지만, 대부분의 시간은 케이팝을 들으며 보내는 것 같아요.

| 본문

I always enjoy listening to K-pop because it [나를 기분 좋게 하다] . Even if I'm having a bad day, the music makes me feel motivated and ready for anything. The beats are [빠른] , and the songs are so [재미있고 외우기 쉬운] . Plus, the lyrics are easy to [~에 공감하다] . Sometimes it's like they were written just for me. I like most K-pop artists, but my favorite right now is BLACKPINK. They're so talented. I [감탄하다] every time I see them perform.

저는 케이팝을 들으면 항상 기분이 좋아져요. 기분이 좋지 않은 날을 보내고 있다고 해도, 이 노래를 들으면 동기부여가 되고, 무엇이든 할 수 있을 것 같이 느껴져요. 케이팝은 비트가 빨리 진행되고 외우기 쉬워요. 또한, 가사는 쉽게 공감할 수 있어요. 가끔 저를 위해 노래를 쓴 것 같은 기분이 들어요. 대부분의 케이팝 가수들을 좋아하지만, 현재는 블랙핑크를 가장 좋아해요. 그들은 정말 재능 있는 가수들이에요. 그들의 공연을 볼 때마다 항상 감탄해요.

| 마무리

I think K-pop really has something for everyone.

케이팝은 정말 모두를 위한 대단한 무엇인가가 있어요.

모범 답안

every type of / depending on my mood / puts me in a good mood / fast-paced / catchy / relate to / am blown away

You indicated in the survey that you enjoy listening to music. What type of music do you usually listen to? What do you like about it? Who is your favorite musician or group? Tell me everything about why they are your favorite.

설문조사에서 당신은 음악 감상을 즐긴다고 했습니다. 어떤 종류의 음악을 듣나요? 그 장르를 좋아하는 이유는 무엇인가요? 당신이 가장 좋아하는 뮤지션이나 그룹은 누구인가요? 당신이 그 혹은 그녀를 좋아하는 이유에 대해 모두 말해주세요.

모범답변　　　　　　　　　　　　　　　　　　　　　　　　　MP3 1_10

| 도입부

대부분 케이팝 들음
the most time listening to K-pop

I listen to every type of music, depending on my mood, but I suppose I spend the most time listening to K-pop.

제 기분에 따라 모든 종류의 음악을 듣지만, 대부분의 시간은 케이팝을 들으며 보내는 것 같아요.

| 본문

• 동기부여
  feel motivated

• 비트가 빠르고 외우기 쉬움
  fast-paced, catchy

• 가사 공감하기 쉬움
  the lyrics are easy to relate to

I always enjoy listening to K-pop because it puts me in a good mood. Even if I'm having a bad day, the music makes me feel motivated and ready for anything. The beats are fast-paced, and the songs are so catchy. Plus, the lyrics are easy to relate to. Sometimes it's like they were written just for me. I like most K-pop artists, but my favorite right now is BLACKPINK. They're so talented. I'm blown away every time I see them perform.

저는 케이팝을 들으면 항상 기분이 좋아져요. 기분이 좋지 않은 날을 보내고 있다고 해도, 이 노래를 들으면 동기부여가 되고, 무엇이든 할 수 있을 것 같이 느껴져요. 케이팝은 비트가 빨리 진행되고 외우기 쉬워요. 또한, 가사는 쉽게 공감할 수 있어요. 가끔 저를 위해 노래를 쓰는 것 같은 기분이 들어요. 대부분의 케이팝 가수들을 좋아하지만, 현재는 블랙핑크를 가장 좋아해요. 그들은 정말 재능 있는 가수들이에요. 그들의 공연을 볼 때마다 항상 감탄해요.

| 마무리

모두를 위한 무언가가 있음
something for everyone

I think K-pop really has something for everyone.

케이팝은 정말 모두를 위한 대단한 무엇인가가 있어요.

고득점 어휘/표현

어휘/표현

depend on ~에 달려 있다　　put in a good mood 기분 좋게 하다　　feel motivated 동기부여가 되다　　ready for ~를 위한 준비가 된
talented 재능 있는

Q6 음악을 듣는 경향

I'd like to know more about your interest in listening to music. When do you usually listen to music? Where do you most enjoy listening to music? Do you go to any concerts? Do you go to any other place for live music? Tell me everything about how you listen to music.

당신이 음악 감상을 즐겨하는 것에 대해 더 알고 싶습니다. 주로 언제 음악을 듣나요? 어디에서 음악 듣는 것을 좋아하나요? 콘서트에도 가나요? 라이브 음악을 즐기러 가나요? 당신이 음악을 듣는 방법에 대해 모두 말해주세요.

모범답변

도입부

I spend a lot of my day listening to music, but I enjoy it 다양한 시간에 여러가지 이유로 .

하루에 음악을 많이 듣지만, 다양한 시간에 여러가지 이유로 즐겨요.

본문

For example, I usually listen to music ~하는 동안 I'm working. It helps me 집중하다 so I can 계속하다 task and makes my workday 좀 더 재미있는 . But, if I really want to enjoy music, then I will go to 라이브 공연 or a concert. For instance, I often go to a jazz bar to listen to live music. I'm always really 인상적인 by the musicians there. Or, if one of my favorite bands is playing 가까운 곳에 , I'll go to their concert. It's great hearing 당신이 좋아하는 노래들 live 다른 팬들과 함께 . I really love it.

예를 들면, 저는 주로 일하면서 음악을 들어요. 집중하도록 도와줘서 업무를 계속할 수 있고 평일을 더 재미있게 만들어 주죠. 하지만, 음악을 제대로 즐기고 싶다면 라이브 공연이나 콘서트에 가요. 라이브 음악을 듣기 위해 주로 재즈바에 가는 것처럼 말이에요. 그 곳의 뮤지션들은 늘 인상적이에요. 혹은, 제가 좋아하는 밴드가 가까운 곳에서 공연을 한다면, 그들의 콘서트에 갈 거예요. 좋아하는 노래를 라이브로 다른 팬들과 같이 듣는 건 정말 좋거든요. 제가 정말 좋아해요.

마무리

These are the ways that I enjoy music.

이것이 제가 음악을 즐기는 방법이에요.

모범 답안

for different reasons at different times / while / focus / stay on / more interesting / a live performance / impressed / nearby / your favorite songs / with other fans

I'd like to know more about your interest in listening to music. When do you usually listen to music? Where do you most enjoy listening to music? Do you go to any concerts? Do you go to any other place for live music? Tell me everything about how you listen to music.

당신이 음악 감상을 즐겨하는 것에 대해 더 알고 싶습니다. 주로 언제 음악을 듣나요? 어디에서 음악 듣는 것을 좋아하나요? 콘서트에도 가나요? 라이브 음악을 즐기러 가나요? 당신이 음악을 듣는 방법에 대해 모두 말해주세요.

모범답변

🔊 MP3 1_12

| 도입부

다양한 시간에 여러가지 이유로 즐김
enjoy it for different reasons at different times

I spend a lot of my day listening to music, but I enjoy it for different reasons at different times.

하루에 음악을 많이 듣지만, 다양한 시간에 여러가지 이유로 즐겨요.

| 본문

- 일하면서 들음
  listen to music while I'm working
- 집중하는데 도움
  help me focus
- 라이브 공연이나 콘서트 감
  go to a live performance or a concert

For example, I usually listen to music while I'm working. It helps me focus so I can stay on task and makes my workday more interesting. But, if I really want to enjoy music, then I will go to a live performance or a concert. For instance, I often go to a jazz bar to listen to live music. I'm always really impressed by the musicians there. Or, if one of my favorite bands is playing nearby, I'll go to their concert. It's great hearing your favorite songs live with other fans. I really love it.

예를 들면, 저는 주로 일하면서 음악을 들어요. 집중하도록 도와줘서 업무를 계속할 수 있고 평일을 더 재미있게 만들어 주죠. 하지만, 음악을 제대로 즐기고 싶다면 라이브 공연이나 콘서트에 가요. 라이브 음악을 듣기 위해 주로 재즈바에 가는 것처럼 말이예요. 그 곳의 뮤지션들은 늘 인상적이에요. 혹은, 제가 좋아하는 밴드가 가까운 곳에서 공연을 한다면, 그들의 콘서트에 갈 거예요. 좋아하는 노래를 라이브로 다른 팬들과 같이 듣는 건 정말 좋거든요. 제가 정말 좋아해요.

| 마무리

음악을 즐기는 방법
the ways that I enjoy music

These are the ways that I enjoy music.

이것이 제가 음악을 즐기는 방법이에요.

고득점 어휘/표현

어휘/표현

for different reasons 여러가지 이유로   at different times 다양한 시간에   stay on (공부, 일 등을) 계속 하다   workday 평일
impressed 감명을 받은   nearby 가까운 곳에, 근처에

Q7 음악에 관심을 갖게 된 계기

Can you tell me what first got you into listening to music? When did you start listening to music? Did anyone in particular help you get interested in music? What caused you to first take an interest in music?

당신이 음악을 듣는 것에 어떻게 관심이 생겼는지 말해줄 수 있나요? 당신은 언제 처음으로 음악을 듣기 시작했나요? 음악에 관심을 갖게 한 사람이 있었나요? 음악에 관심을 갖게 된 계기는 무엇인가요?

모범답변

| 도입부

I've been into music for as long as I can remember. But, I think there was a special moment when I'm really into it.

제가 기억하기로 저는 항상 음악에 흥미가 있었던 것 같아요. 하지만, 음악에 빠지게 된 특별한 순간이 있었어요.

| 본문

It was back in high school when I went to a local concert with my friends. I had never been to a concert, so I wasn't sure what to expect. I still remember how it felt when the band started playing. I [압도 되었다] by the sound, and everyone in the crowd started dancing [동시에] . Each song sounded amazing, and during the concert, the music was the only thing that mattered. I think I [중독 되기 시작했다] to live music from that point because my friends and I started going to shows [갈 수 있을 때마다] .

고등학교 때 친구들과 함께 갔던 지역 콘서트에서였죠. 그 전까지 콘서트에 가본 적이 없었기 때문에, 어떤 것을 기대해야 할 지 잘 몰랐어요. 당시, 밴드가 공연을 시작할 때의 그 느낌을 아직도 잊을 수 없어요. 그 사운드가 온 몸을 강타했고, 동시에 관중들은 춤을 추기 시작했어요. 모든 노래가 놀라웠고, 콘서트 동안 음악에만 몰두 되어 있었죠. 아마 그 때부터 라이브 음악에 중독되기 시작한 것 같아요. 그 이후, 기회만 되면 친구와 함께 콘서트에 갔거든요.

| 마무리

We still go to a lot of concerts these days, so that moment definitely [큰 영향을 주었다] me.

여전히 지금도 콘서트에 다니고 있는 걸 보면, 그 순간이 저에게 큰 영향을 준 것 같아요.

모범 답안

was overwhelmed / at the same time / got kind of addicted / whenever we could / had a big influence on

Q7 음악에 관심을 갖게 된 계기

Can you tell me what first got you into listening to music? When did you start listening to music? Did anyone in particular help you get interested in music? What caused you to first take an interest in music?

당신이 음악을 듣는 것에 어떻게 관심이 생겼는지 말해줄 수 있나요? 당신은 언제 처음으로 음악을 듣기 시작했나요? 음악에 관심을 갖게 한 사람이 있었나요? 음악에 관심을 갖게 된 계기는 무엇인가요?

모범답변 🔊 MP3 1_14

| 도입부

특별한 순간 있음
a special moment

I've been into music for as long as I can remember. But, I think there was a special moment when I'm really into it.

제가 기억하기로 저는 항상 음악에 흥미가 있었던 것 같아요. 하지만, 음악에 빠지게 된 특별한 순간이 있었어요.

| 본문

- 친구들과 지역 콘서트 감
  went to a local concert with my friends

- 음악에만 몰두
  the music was only thing that mattered

- 기회만 되면 콘서트 감
  going to shows whenever we could

It was back in high school when I went to a local concert with my friends. I had never been to a concert, so I wasn't sure what to expect. I still remember how it felt when the band started playing. I was overwhelmed by the sound, and everyone in the crowd started dancing at the same time. Each song sounded amazing, and during the concert, the music was the only thing that mattered. I think I got kind of addicted to live music from that point because my friends and I started going to shows whenever we could.

고등학교 때 친구들과 함께 갔던 지역 콘서트에서였죠. 그 전까지 콘서트에 가본 적이 없었기 때문에, 어떤 것을 기대해야 할 지 잘 몰랐어요. 당시, 밴드가 공연을 시작할 때의 그 느낌을 아직도 잊을 수 없어요. 그 사운드에 압도 되었고, 동시에 관중들은 춤을 추기 시작했어요. 모든 노래가 놀라웠고, 콘서트 동안 음악에만 몰두 되어 있었죠. 아마 그 때부터 라이브 음악에 중독되기 시작한 것 같아요. 그 이후, 기회만 되면 친구와 함께 콘서트에 갔거든요.

| 마무리

그 순간이 큰 영향을 줌
that moment had a big influence on me

We still go to a lot of concerts these days, so that moment definitely had a big influence on me.

여전히 지금도 콘서트에 다니고 있는 걸 보면, 그 순간이 저에게 큰 영향을 준 것 같아요.

고득점 어휘/표현

어휘/표현

take an interest in ~에 관심을 갖다   matter 중요하다   get addicted to ~에 중독되다   have a big influence on ~에 큰 영향을 주다

• 좋아하는 음악/가수

• 음악을 듣는 경향

• 음악에 관심을 갖게 된 계기

STEP1 기출 포인트 파악하기

가장 많이 나오는 3 COMBO 세트

❶ 좋아하는 영화 장르

You indicated in the survey that you like to watch movies. What type of movies do you enjoy the most? Why do you like this type more than others? Please tell me in detail.

설문조사에서 당신은 영화 보는 것을 좋아한다고 했습니다. 당신은 어떤 종류의 영화를 가장 좋아하나요? 어떤 이유로 다른 장르보다 이것을 더 좋아하나요? 자세히 말해주세요.

❷ 좋아하는 영화 배우

I'm wondering if you have a favorite actor or actress. What is it about them that you like? Which of their qualities is the most attractive to you? Tell me as much as you can.

좋아하는 배우나 여배우가 있는지 알고 싶어요. 당신이 그 배우를 좋아하는 이유는 무엇인가요? 그의 어떤 점이 가장 매력적인가요? 말할 수 있는 만큼 말해주세요.

❸ 최근 영화 관람

Can you describe for me the last time you went to the movies? When was it? Who did you see the movie with? What did you do at the theater? Did anything special happen there? Tell me about what you did in as much detail as possible.

가장 최근에 영화를 보러 갔던 때를 묘사해 줄 수 있나요? 언제였나요? 누구와 함께 보러갔나요? 당신은 영화관에서 무엇을 했나요? 그곳에서 어떤 특별한 일이 있었나요? 당신이 영화를 보러 가서 했던 일을 최대한 자세하게 말해주세요.

어휘와 패턴 익히기

제시된 오늘의 어휘와 패턴을 익히고 답변에 사용하고자 하는 어휘나 패턴에 체크해보세요.

어휘

☐	웃긴 장면	funny scene
☐	~을 찾다	looking for
☐	가벼운 마음으로 즐길 수 있는	lighthearted
☐	두 개의 영역을 모두 소화하는	double threat
☐	매력적인	attractive
☐	유머 감각	sense of humor
☐	웃긴	hilarious
☐	매력적인	charming
☐	공상 과학 영화	sci-fi movie
☐	고품질의 음향	high-quality sound

패턴

• look forward to   ~을 기대하다

we were really looking forward to the film.
우리는 그 영화를 기대하고 있었습니다.

I was _____ the new series of Korean drama on Netflix.
저는 넷플릭스에 있는 한국 드라마의 새로운 시리즈를 기대하고 있었습니다.

• get one's hopes up too high   너무 큰 기대를 하다

I didn't want to get my hopes up too high.
너무 큰 기대를 하고 싶지는 않았습니다.

I didn't want to _____ on that movie.
저는 그 영화에 대해 너무 큰 기대를 하고 싶지 않았습니다.

• be disappointed   ~에 실망하다

Luckily, I was not disappointed.
운이 좋게도, 저는 실망하지 않았습니다.

I _____ in his acting.
저는 그의 연기에 실망했습니다.

나만의 문장 만들기

주어진 우리말을 보고 빈칸을 채우고 아래 모범 답안을 확인해보세요.

❶ 좋아하는 영화 장르 – 코미디

코미디	It would be [코미디] .
가족, 친구들과 즐길 수 있음	I can [즐기다] them with my family and friends.
긴장 풀고 그냥 즐길 수 있음	I can [긴장을 풀다] and just [즐기다] .

❷ 좋아하는 영화 배우

요즘 ~가 출연한 여러 영화 즐겨보고 있음	I [즐겨보고 있다] a lot of Ryan Reynolds' movies [요즘] .
블록버스터 영화 주연	He [주연을 맡다] in many blockbuster films.
캐릭터 재밌고 매력적	His characters are always [재미있는] and [매력적인] .

❸ 최근 영화 관람

몇 주전, 너무 신났음	I was really excited to go [몇 주전] .
아주 재밌었음	The movie was [아주 재밌는] .
큰 스크린과 고품질 음향	I watched it in a theater with [큰 스크린] and [고품질 음향] .

모범답안

❶ comedies / enjoy / relax / have fun
❷ have been enjoying / lately / stars / hilarious / charming
❸ a few weeks ago / amazing / a big screen / high-quality sound

실전 문제를 듣고 빈칸을 채우거나 소리내 말해보고 아래 모범 답안을 확인해보세요.

(MP3 1_15)

Q8 좋아하는 영화 장르

You indicated in the survey that you like to watch movies. What type of movies do you enjoy the most? Why do you like this type more than others? Please tell me in detail.

설문조사에서 당신은 영화 보는 것을 좋아한다고 했습니다. 당신은 어떤 종류의 영화를 가장 좋아하나요? 어떤 이유로 다른 장르보다 이것을 더 좋아하나요? 자세히 말해주세요.

모범답변

| 도입부

I'm a fan of all types of movies, from romance to horror. But [하나를 골라야만 한다면], it [~일 거예요] comedies.

로맨스부터 공포 영화까지 모든 종류의 영화 팬이에요. 하지만, 하나를 골라야만 한다면, 코미디 영화일 거예요.

| 본문

First, I love comedies because I can enjoy them with my family and friends. Laughing at a funny scene or joke is even better with other people. It's also easy to put on a comedy when you're [~ 를 찾다] something to do with friends. Second, comedies are usually [가벼운 마음으로 즐길 수 있는], so I can watch them and forget about my own worries. During the movie, I can relax and just have fun. I don't need to think about any serious issues.

무엇보다도, 코미디는 가족이나 친구들과 함께 즐길 수 있는 영화이기 때문이에요. 재밌는 장면이나 농담을 듣고 웃는 건 다른 사람과 함께 일 때 배가 되는 법이죠. 친구와 함께 할 무언가를 찾는다면, 코미디가 제격일 거예요. 두 번째로, 코미디는 가벼운 마음으로 즐길 수 있어서 보는 동안 걱정을 잊을 수 있어요. 영화를 보는 동안, 긴장을 풀고 그저 즐길 수 있죠. 심각한 문제를 생각할 필요가 없죠.

| 마무리

These are the reasons why comedies are my favorite.

이것들이 제가 코미디를 좋아하는 이유예요.

모범 답안

if I had to choose a favorite / would be / looking for / lighthearted

You indicated in the survey that you like to watch movies. What type of movies do you enjoy the most? Why do you like this type more than others? Please tell me in detail.

설문조사에서 당신은 영화 보는 것을 좋아한다고 했습니다. 당신은 어떤 종류의 영화를 가장 좋아하나요? 어떤 이유로 다른 장르보다 이것을 더 좋아하나요? 자세히 말해주세요.

모범답변

◀))MP3 1_16

| 도입부

코미디
comedies

I'm a fan of all types of movies, from romance to horror. But, if I had to choose a favorite, it would be comedies.

로맨스부터 공포 영화까지 모든 종류의 영화 팬이에요. 하지만, 하나를 골라야만 한다면, 코미디 영화일 거예요.

| 본문

• 가족, 친구들과 즐길 수 있음
  can enjoy with my family and friends
• 걱정 잊을 수 있음
  forget about my own worries
• 긴장 풀고 즐길 수 있음
  can relax and have fun

First, I love comedies because I can enjoy them with my family and friends. Laughing at a funny scene or joke is even better with other people. It's also easy to put on a comedy when you're looking for something to do with friends. Second, comedies are usually lighthearted, so I can watch them and forget about my own worries. During the movie, I can relax and just have fun. I don't need to think about any serious issues.

무엇보다도, 코미디는 가족이나 친구들과 함께 즐길 수 있는 영화이기 때문이에요. 자밌는 장면이나 농담을 듣고 웃는 건 다른 사람과 함께 일 때 배가 되는 법이죠. 친구와 함께 할 무언가를 찾는다면, 코미디가 제격일 거예요. 두 번째로, 코미디는 가벼운 마음으로 즐길 수 있어서 보는 동안 걱정을 잊을 수 있어요. 영화를 보는 동안, 긴장을 풀고 그저 즐길 수 있죠. 심각한 문제를 생각할 필요가 없죠.

| 마무리

코미디를 좋아하는 이유
the reason why comedies are my favorite

These are the reasons why comedies are my favorite.

이것들이 제가 코미디를 좋아하는 이유예요.

고득점 어휘/표현

어휘/표현

all types of 모든 종류의   look for ~을 찾다   lighthearted 가벼운 마음으로 즐길 수 있는

Q9 좋아하는 영화 배우

I'm wondering if you have a favorite actor or actress. What is it about them that you like? Which of their qualities is the most attractive to you? Tell me as much as you can.

좋아하는 배우나 여배우가 있는지 알고 싶어요. 당신이 그 배우를 좋아하는 이유는 무엇인가요? 그의 어떤 점이 가장 매력적인가요? 말할 수 있는 만큼 말해주세요.

모범답변

| 도입부

I don't really have a favorite actor, but I have been enjoying a lot of Ryan Reynolds' movies lately.

딱히 좋아하는 배우는 없지만, 최근 라이언 레이놀즈가 출연한 여러 영화를 즐겨보고 있어요.

| 본문

He's very popular these days, and he stars in many 블록버스터 영화 . I think it's because he's 두 가지 장르를 소화할 수 있는 , meaning he can do both comedy and action. He also has 재치 , so his characters are always 재미있는 and 매력 있는 . Maybe he is best known for playing Deadpool, but I recently watched a movie called Free Guy, and he was fantastic in it. Some people might not like his 유머 , but he always makes me laugh.

그는 요즘 매우 인기가 있고 여러 블록버스터 영화의 주연을 맡았어요. 이 배우는 코미디와 액션 두 가지 장르를 소화할 수 있는 능력이 있다고 생각해요. 또한, 재치가 있어 그가 맡은 캐릭터는 늘 재미있고 매력이 있어요. 아마 데드풀에 출연한 것으로 가장 많이 알려져 있겠지만, 최근에 촬영한 프리 가이라는 영화에서도 너무나 멋졌어요. 어떤 사람들은 그의 유머를 좋아하지 않을 수도 있겠지만 그는 항상 저를 웃게 만들어요.

| 마무리

I think you'd really like his movies, too, Ava.

당신도 그의 영화를 좋아할 것 같아요, 에바.

모범 답안

blockbuster films / a double threat / a quick wit / hilarious / charming / sense of humor

I'm wondering if you have a favorite actor or actress. What is it about them that you like? Which of their qualities is the most attractive to you? Tell me as much as you can.

좋아하는 배우나 여배우가 있는지 알고 싶어요. 당신이 그 배우를 좋아하는 이유는 무엇인가요? 그의 어떤 점이 가장 매력적인가요? 말할 수 있는 만큼 말해주세요.

모범답변

🔊 MP3 1_18

| 도입부

라이언 레이놀즈
Ryan Reynolds

I don't really have a favorite actor, but I have been enjoying a lot of Ryan Reynolds' movies lately.

딱히 좋아하는 배우는 없지만, 최근 라이언 레이놀즈가 출연한 여러 영화를 즐겨보고 있어요.

| 본문

• 요즘 인기있음
  very popular

• 재미있고 매력 있음
  hilarious and charming

• 웃게 만듦
  make me laugh

He's very popular these days, and he stars in many blockbuster films. I think it's because he's a double threat, meaning he can do both comedy and action. He also has a quick wit, so his characters are always hilarious and charming. Maybe he is best known for playing Deadpool, but I recently watched a movie called Free Guy, and he was fantastic in it. Some people might not like his sense of humor, but he always makes me laugh.

그는 요즘 매우 인기가 있고 여러 블록버스터 영화의 주연을 맡았어요. 이 배우는 코미디와 액션 두 가지 장르를 소화할 수 있는 능력이 있다고 생각해요. 또한, 재치가 있어 그가 맡은 캐릭터는 늘 재미있고 매력이 있어요. 아마 데드풀에 출연한 것으로 가장 많이 알려져 있겠지만, 최근에 촬영한 프리 가이라는 영화에서도 너무나 멋졌어요. 어떤 사람들은 그의 유머를 좋아하지 않을 수도 있겠지만 그는 항상 저를 웃게 만들어요.

| 마무리

에바도 좋아할 것임
you'd really like

I think you'd really like his movies, too, Ava.

당신도 그의 영화를 좋아할 것 같아요, 에바.

고득점 어휘/표현

어휘/표현

attractive 매력 있는   lately 최근   double threat 두 가지 장르를 모두 소화하는   a quick wit 재치   is known for ~로 알려져 있다

Q10 최근 영화 관람

Can you describe for me the last time you went to the movies? When was it? Who did you see the movie with? What did you do at the theater? Did anything special happen there? Tell me about what you did in as much detail as possible.

가장 최근에 영화를 보러 갔던 때를 묘사해 줄 수 있나요? 언제였나요? 누구와 함께 보러갔나요? 당신은 영화관에서 무엇을 했나요? 그곳에서 어떤 특별한 일이 있었나요? 당신이 영화를 보러 가서 했던 일을 최대한 자세하게 말해주세요.

모범답변

| 도입부

The last time I went to the movies was 보다 특별한 . I hadn't gone to a movie in a long time because of COVID-19, so I was really excited to go a few weeks ago.

최근에 영화를 보러 간 경험은 평소보다 특별했어요. 그동안 코로나 때문에 오랫동안 영화관을 가지 못해서, 몇 주 전에 가게 되었을 때 너무나 신이 났어요.

| 본문

I went to the theater with my best friend to watch Dune. We both like sci-fi movies, so we were really 기대하고 있다 the film. It was getting great reviews, but I didn't want to 너무 높은 기대를 하다 . Luckily, I wasn't disappointed. The movie was amazing, and I'm so glad I watched it in a theater with a big screen and high-quality sound. I just remember being blown away by the story and graphics. I had never seen anything like Dune.

친한 친구와 듄이라는 영화를 보러 갔어요. 둘 다 공상 과학 영화를 좋아하기 때문에 이 작품에 대한 기대가 있었죠. 좋은 리뷰가 많았지만, 기대치를 너무 높게 잡고 싶진 않았어요. 운이 좋게도, 실망하지 않았어요. 영화는 아주 재밌었고, 큰 스크린과 고품질의 음향으로 영화관에서 볼 수 있어 행복했어요. 줄거리와 그래픽 효과에 넋이 나갔죠. 듄과 같은 영화는 처음이었어요.

| 마무리

It was one of the best experiences I've had at the movies, without a doubt.

의심할 여지없이 영화를 관람했던 것 중에 가장 최고의 경험이었어요.

모범 답안

rather special / looking forward to / get my hopes up too high

Can you describe for me the last time you went to the movies? When was it? Who did you see the movie with? What did you do at the theater? Did anything special happen there? Tell me about what you did in as much detail as possible.

가장 최근에 영화를 보러 갔던 때를 묘사해 줄 수 있나요? 언제였나요? 누구와 함께 보러갔나요? 당신은 영화관에서 무엇을 했나요? 그곳에서 어떤 특별한 일이 있었나요? 당신이 영화를 보러 가서 했던 일을 최대한 자세하게 말해주세요.

모범답변　　　　　　　　　　　　　　　　　　　　　　　　　　　　　　🔊 MP3 1_20

| 도입부

특별했음
rather special

The last time I went to the movies was rather special. I hadn't gone to a movie in a long time because of COVID-19, so I was really excited to go a few weeks ago.

최근에 영화를 보러 간 경험은 평소보다 특별했어요. 그동안 코로나 때문에 오랫동안 영화관을 가지 못해서, 몇 주 전에 가게 되었을 때 너무나 신이 났어요.

| 본문

• 친한 친구와 [　]을 보러 감
　with my best friend to watch Dune

• 실망하지 않음
　wasn't disappointed

• 큰 화면, 고품질의 음향
　with a big screen and high-quality sound

I went to the theater with my best friend to watch Dune. We both like sci-fi movies, so we were really looking forward to the film. It was getting great reviews, but I didn't want to get my hopes up too high. Luckily, I wasn't disappointed. The movie was amazing, and I'm so glad I watched it in a theater with a big screen and high-quality sound. I just remember being blown away by the story and graphics. I had never seen anything like Dune.

친한 친구와 듄이라는 영화를 보러 갔어요. 둘 다 공상 과학 영화를 좋아하기 때문에 이 작품에 대한 기대가 있었죠. 좋은 리뷰가 많았지만, 기대치를 너무 높게 잡고 싶진 않았어요. 운이 좋게도, 실망하지 않았어요. 영화는 아주 재밌었고, 큰 스크린과 고품질의 음향으로 영화관에서 볼 수 있어 행복했어요. 줄거리와 그래픽 효과에 넋이 나갔죠. 듄과 같은 영화는 처음이었어요.

| 마무리

최고의 경험
the best experiences

It was one of the best experiences I've had at the movies, without a doubt.

의심할 여지없이 영화를 관람했던 것 중에 가장 최고의 경험이었어요.

고득점 어휘/표현

어휘/표현

sci-fi movies 공상 과학 영화　get hopes up too high 너무 높은 기대를 하다　without a doubt 의심할 여지없이

· 좋아하는 영화 장르

· 좋아하는 영화 배우

· 최근 영화 관람

STEP 1 기출 포인트 파악하기

가장 많이 나오는 3 COMBO 세트

❶ 호텔 주변에 할 것들 질문

I'd like to give you a situation to act out. Imagine that you are staying at a hotel. Go to the front desk and ask the receptionist three to four questions about things you can do around the hotel.

당신에게 주어진 상황에 대해 역할극을 해주세요. 당신이 호텔에 묵고 있다고 상상해보세요. 안내데스크에 가서 안내원에게 호텔 근처에서 할 수 있는 활동에 대해 서너 가지 질문을 해주세요.

❷ 가방을 택시에 놓고 온 상황 문제 해결

There is a problem I need you to resolve. You forgot your bag in the taxi you took to get back to your hotel. Call the taxi company and explain your problem so that the manager can help you get your bag back.

당신이 해결해야 할 문제가 있습니다. 호텔로 돌아오는 택시에 당신의 가방을 두고 내렸습니다. 택시 회사에 전화해서 관리자에게 당신의 상황을 설명하고 가방을 돌려받을 수 있도록 도움을 요청해 보세요.

❸ 물건 분실 경험

That's the end of the situation. Have you ever had an experience where you left an important item somewhere? What did you leave behind? When did this happen? Did you get it back? How did you get it back? Please tell me every detail about how you resolved the problem.

상황극이 종료되었습니다. 당신은 중요한 소지품을 어딘가에 두고 온 경험이 있나요? 그 소지품은 무엇이었나요? 언제 그런 일이 일어났나요? 그것을 다시 되찾았나요? 당신은 어떻게 다시 되찾았나요? 문제를 어떻게 해결했는지에 대해 자세하게 말해주세요.

오픽 꿀팁

Q11,12,13 롤플레이 유형으로 호텔 주제가 나온다면 아래와 같은 3 콤보 세트 구성으로도 출제될 수 있으니 알아두면 좋다.
Q11 호텔 투숙 관련 전화 문의하기
Q12 객실 상태가 불만족스러워서 전화로 문제 해결하기
Q13 호텔에서 기억에 남는 경험 이야기하기

제시된 오늘의 어휘와 패턴을 익히고 답변에 사용하고자 하는 어휘나 패턴에 체크해보세요.

어휘

☐	호텔에 묵다	stay at a hotel
☐	안내데스크	front desk
☐	안내원	receptionist
☐	추천하다	recommend
☐	점심 식사하기에 좋은 곳	good lunch spot
☐	현지 음식	local specialty
☐	괜찮은 가격	good deal
☐	차량 번호판	plate number
☐	내려주다	drop off
☐	크로스백	messenger bag
☐	어깨 끈	shoulder strap
☐	조수석	passenger seat
☐	두고 가다	leave behind

패턴

• be wondering if   ~인지 궁금하다

I was wondering if you could answer a few questions about what I could do around here.
이곳 근처에 할 수 있을 만한 것들에 대해 몇 가지 답해주실 수 있는지 궁금합니다.
I _____ you could recommend some good lunch spots for me.
점심 식사하기에 좋은 곳들을 추천해주실 수 있을지 궁금합니다.

• For the most part,   보통

For the most part, I'm careful about keeping track of my things.
보통 저는 제 물건을 챙기는 것에 주의하는 편입니다.
_____, this hotel provides the best service.
보통 이 호텔은 최고의 서비스를 제공합니다.

• Could you please ~?   ~ 해 주실 수 있나요?

Could you please call me back at this number after contacting the driver?
기사분과 연락해 보신 후, 이 번호로 다시 전화주실 수 있을까요?
_____ let me know when the hotel restaurant available?
호텔 레스토랑이 언제 이용 가능한 지 알려 주실 수 있을까요?

나만의 문장 만들기

주어진 우리말을 보고 빈칸을 채우고 아래 모범 답안을 확인해보세요.

❶ 호텔 주변에 할 것들 질문

점심 식사 하기 좋은 곳	Are there any good 점심 식사 하는 곳 nearby?
갈 수 있는 쇼핑몰	Is there 쇼핑몰 I could go to?
공원 추천	Would you recommend some 아름다운 공원 in this part of the city?

❷ 가방을 택시에 놓고 온 상황 문제 해결

도움 필요	I'm calling because 당신의 도움이 필요하다 .
초록색 캔버스 크로스백	I'm looking for 초록색 캔버스 크로스백 .
이 번호로 다시 전화 부탁	Could you please call me back 이 번호로 ?

❸ 물건 분실 경험

좋아하는 카페 감	I went to 좋아하는 카페 on a Saturday afternoon.
헤드폰 놓고 온 것 알게됨	I realized I left 내 헤드폰 at the café.
카페로 다시 돌아감	I 돌아갔다 to the café.

모범답안

❶ lunch spots / a mall / beautiful parks
❷ I need your help / a green canvas messenger bag / at this number
❸ my favorite café / my headphones / went back

실전 문제를 듣고 빈칸을 채우거나 소리내 말해보고 아래 모범 답안을 확인해보세요.

🔊 MP3 1_21

Q11 호텔 주변에 할 것들 질문

I'd like to give you a situation to act out. Imagine that you are staying at a hotel. Go to the front desk and ask the receptionist three to four questions about things you can do around the hotel.

당신에게 주어진 상황에 대해 역할극을 해주세요. 당신이 호텔에 묵고 있다고 상상해보세요. 안내데스크에 가서 안내원에게 호텔 근처에서 할 수 있는 활동에 대해 서너 가지 질문을 해주세요.

모범답변

| 도입부

Hello. It's my first time staying at your hotel, and I don't know this area very well. I have some free time today, so I [~인지 궁금해요] you could answer a few questions about what I could do around here.

안녕하세요. 이 호텔에 처음 묵게 되었고, 이 지역에 대해 잘 몰라요. 제게 여유 시간이 좀 있어서, 호텔 근처에 할 수 있을 만한 것들에 대해 몇 가지 물어보고 싶어요.

| 본문

First, are there any [점심 식사하기에 좋은 곳] nearby? I haven't eaten yet today, and I would love to try [현지 음식]. Second, I usually go shopping when I'm in a new place, so is there a mall or fashion center I could go to? Are there any places [가격이 괜찮은]? Finally, I hear that there are some beautiful parks in this part of the city. Which one would you recommend? Is it possible for me to walk there from here?

첫째로, 근처에 점심 식사하기에 좋은 곳이 있나요? 오늘 아직 아무것도 먹지 못했는데 현지 음식을 시도해 보고 싶어요. 둘째로, 저는 새로운 곳에 가면 주로 쇼핑을 하곤 하는데, 주위에 갈 만한 쇼핑몰이나 센터가 있을까요? 가격이 괜찮은 곳이 있을까요? 마지막으로, 이 도시에 매우 아름다운 공원들이 있다고 들었어요. 어느 공원을 추천하시겠어요? 여기서 걸어서 가는 것이 가능할까요?

| 마무리

Thanks for taking the time to answer my questions. I appreciate it.

시간을 내어 답변해 주셔서 감사해요. 정말 고마워요.

모범 답안

was wondering if / good lunch spots / a local specialty / with good deals

I'd like to give you a situation to act out. Imagine that you are staying at a hotel. Go to the front desk and ask the receptionist three to four questions about things you can do around the hotel.

당신에게 주어진 상황에 대해 역할극을 해주세요. 당신이 호텔에 묵고 있다고 상상해보세요. 안내데스크에 가서 안내원에게 호텔 근처에서 할 수 있는 활동에 대해 서너 가지 질문을 해주세요.

모범답변

MP3 1_22

| 도입부

몇 가지 물어보고 싶음
wondering if you could answer a few questions

Hello. It's my first time staying at your hotel, and I don't know this area very well. I have some free time today, so I was wondering if you could answer a few questions about what I could do around here.

안녕하세요. 이 호텔에 처음 묵게 되었고, 이 지역에 대해 잘 몰라요. 제게 여유 시간이 좀 있어서, 호텔 근처에 할 수 있을 만한 것들에 대해 몇 가지 물어보고 싶어요.

| 본문

- 점심 식사 괜찮은 곳
  any good lunch spots

- 갈 수 있는 쇼핑몰이나 센터
  a mall or fashion center

- 아름다운 공원
  beautiful parks

First, are there any good lunch spots nearby? I haven't eaten yet today, and I would love to try a local specialty. Second, I usually go shopping when I'm in a new place, so is there a mall or fashion center I could go to? Are there any places with good deals? Finally, I hear that there are some beautiful parks in this part of the city. Which one would you recommend? Is it possible for me to walk there from here?

첫째로, 근처에 점심 식사하기에 좋은 곳이 있나요? 오늘 아직 아무것도 먹지 못했는데 현지 음식을 시도해 보고 싶어요. 둘째로, 저는 새로운 곳에 가면 주로 쇼핑을 하곤 하는데, 주위에 갈 만한 쇼핑몰이나 센터가 있을까요? 가격이 괜찮은 곳이 있을까요? 마지막으로, 이 도시에 매우 아름다운 공원들이 있다고 들었어요. 어느 공원을 추천하시겠어요? 여기서 걸어서 가는 것이 가능할까요?

| 마무리

감사합니다.
Thanks.

Thanks for taking the time to answer my questions. I appreciate it.

시간을 내어 답변해 주셔서 감사해요. 정말 고마워요.

고득점 어휘/표현

어휘/표현

receptionist 안내원　good lunch spot 점심 식사하기에 좋은 곳　local specialty 현지 음식　good deal 괜찮은 가격

Q12 가방을 택시에 놓고 온 상황 문제 해결

There is a problem I need you to resolve. You forgot your bag in the taxi you took to get back to your hotel. Call the taxi company and explain your problem so that the manager can help you get your bag back.

당신이 해결해야 할 문제가 있습니다. 호텔로 돌아오는 택시에 당신의 가방을 두고 내렸습니다. 택시 회사에 전화해서 관리자에게 당신의 상황을 설명하고 가방을 돌려받을 수 있도록 도움을 요청해 보세요.

모범답변

│ 도입부

Hello. My name is Peter, and I'm calling because I need your help. I just got out of one of your company's taxis, but I left my bag in the car. I don't know the taxi's plate number, so I hope you can help me.

안녕하세요. 저는 피터입니다. 당신의 도움이 필요해서 전화 드렸어요. 방금 당신 회사의 택시에서 내렸는데, 차 안에 제 가방을 두고 내렸어요. 차량 번호판을 기억하지 못하니 저를 도와주시길 바랍니다.

│ 본문

First, about my taxi, it 내려주었다 me in front of Global Hotel just now, at around 3 P.M., so maybe it's still in this area. Second, the bag I'm 찾고 있다 is a green canvas messenger bag with a shoulder strap. It has my passport and laptop in it. I think I set it behind the 조수석 , so the driver should be able to see it unless someone else has already taken it. Could you please 나에게 다시 전화하다 at this number after contacting the driver? I hope you can ~를 찾다 him. Plus, please let him know that I will 보상하다 him for bringing my bag to me. It's very important that I get it back.

우선, 방금 오후 3시경 글로벌 호텔 앞에서 내렸기 때문에 택시는 아직 이 지역에 있을 것 같아요. 그리고, 제 가방은 어깨 끈이 있는 초록색 캔버스 천으로 된 크로스백이에요. 가방 안에 여권과 노트북이 있어요. 제 생각엔 조수석 뒤에 뒀기 때문에 누군가 가져가지 않았으면 운전기사분이 찾을 수 있을 거예요. 기사분과 연락해 보신 후, 이 번호로 다시 전화주실 수 있을까요? 그 분을 찾을 수 있길 바라요. 또한, 제 가방을 찾아 주시면 기사님께 보상해 드린다는 것을 꼭 전해주세요. 가방을 찾는 것이 제겐 아주 중요해요.

│ 마무리

Thanks 미리 for all your help.

도움 주셔서 미리 감사해요.

모범답안

dropped off / looking for / passenger seat / call me back / get ahold of / reward / in advance

There is a problem I need you to resolve. You forgot your bag in the taxi you took to get back to your hotel. Call the taxi company and explain your problem so that the manager can help you get your bag back.

당신이 해결해야 할 문제가 있습니다. 호텔로 돌아오는 택시에 당신의 가방을 두고 내렸습니다. 택시 회사에 전화해서 관리자에게 당신의 상황을 설명하고 가방을 돌려받을 수 있도록 도움을 요청해 보세요.

모범답변

MP3 1_24

| 도입부

차량 번호판 기억 못 함
don't know the taxi's plate number

Hello. My name is Peter, and I'm calling because I need your help. I just got out of one of your company's taxis, but I left my bag in the car. I don't know the taxi's plate number, so I hope you can help me.

안녕하세요. 저는 피터입니다. 당신의 도움이 필요해서 전화 드렸어요. 방금 당신 회사의 택시에서 내렸는데, 차 안에 제 가방을 두고 내렸어요. 차량 번호판을 기억하지 못하니 저를 도와주시길 바랍니다.

| 본문

• 초록색 크로스백
  green canvas messenger bag

• 가방 안에 여권, 노트북 있음
  my passport and laptop in it

• 찾는 것이 아주 중요
  very important that I get it back

First, about my taxi, it dropped me off in front of Global Hotel just now, at around 3 P.M., so maybe it's still in this area. Second, the bag I'm looking for is a green canvas messenger bag with a shoulder strap. It has my passport and laptop in it. I think I set it behind the passenger seat, so the driver should be able to see it unless someone else has already taken it. Could you please call me back at this number after contacting the driver? I hope you can get ahold of him. Plus, please let him know that I will reward him for bringing my bag to me. It's very important that I get it back.

우선, 방금 오후 3시경 글로벌 호텔 앞에서 내렸기 때문에 택시는 아직 이 지역에 있을 것 같아요. 그리고, 제 가방은 어깨 끈이 있는 초록색 캔버스 천으로 된 크로스백이에요. 가방 안에 여권과 노트북이 있어요. 제 생각엔 조수석 뒤에 뒀기 때문에 누군가 가져가지 않았으면 운전기사분이 찾을 수 있을 거예요. 기사분과 연락해 보신 후, 이 번호로 다시 전화주실 수 있을까요? 그 분을 찾을 수 있길 바라요. 또한, 제 가방을 찾아 주시면 기사님께 보상해 드린다는 것을 꼭 전해주세요. 가방을 찾는 것이 제겐 아주 중요해요.

| 마무리

감사합니다.
Thanks in advance.

Thanks in advance for all your help.

도움 주셔서 미리 감사해요.

고득점 어휘/표현

어휘/표현

get back to ~로 돌아가다   plate number 차량 번호판   get ahold of ~를 찾다

Q13 물건 분실 경험

That's the end of the situation. Have you ever had an experience where you left an important item somewhere? What did you leave behind? When did this happen? Did you get it back? How did you get it back? Please tell me every detail about how you resolved the problem.

상황극이 종료되었습니다. 당신은 중요한 소지품을 어딘가에 두고 온 경험이 있나요? 그 소지품은 무엇이었나요? 언제 그런 일이 일어났나요? 그것을 다시 되찾았나요? 당신은 어떻게 다시 되찾았나요? 문제를 어떻게 해결했는지에 대해 자세하게 말해주세요.

모범답변

| 도입부

보통 , I'm careful about 잃어버리지 않도록 챙기다 my things. But, we all make mistakes, and there was one time last month when I left my headphones at a café.

보통 저는 제 물건을 챙기는 것에 주의하는 편이에요. 하지만, 우리 모두 실수를 할 때가 있죠. 지난 달에 헤드폰을 카페에 두고 온 적이 있어요.

| 본문

I went to my favorite café on a Saturday afternoon to study, 제가 평소에 하던 것처럼 . I had a lot of stuff with me, like my laptop, phone, and of course my headphones. I 시간 가는 줄 몰랐다 while I was studying and totally forgot that I was supposed to meet my friend for dinner. When I remembered, I packed up my stuff quickly and left 급하게 . It wasn't until I was with my friend at the restaurant that I realized I didn't have my headphones. So, after eating, my friend and I went back to the café. Luckily the owner knows me, so she was holding onto them for me.

제가 평소에 하던 것처럼, 토요일 오후에 공부하려고 좋아하는 카페에 갔어요. 노트북, 핸드폰, 헤드폰 등등 챙겨간 물건이 많았죠. 공부하는 동안 시간 가는 줄 몰랐고, 친구와의 저녁 약속을 아예 까먹었어요. 순간 약속이 떠올랐을 때, 물건을 급히 챙겨 떠났어요. 친구와 식당에 도착했을 때가 되어서야 헤드폰을 놓고 왔다는 것을 깨달았어요. 식사 후에, 친구와 함께 그 카페로 다시 돌아갔죠. 다행히도, 사장님이 저를 알아서 제 물건을 보관해 두셨어요.

| 마무리

Looking back on it now, I was pretty lucky.

돌이켜보니, 제가 운이 굉장히 좋았네요.

모범 답안

For the most part / keeping track of / like I usually do / lost track of time / in a hurry

That's the end of the situation. Have you ever had an experience where you left an important item somewhere? What did you leave behind? When did this happen? Did you get it back? How did you get it back? Please tell me every detail about how you resolved the problem.

상황극이 종료되었습니다. 당신은 중요한 소지품을 어딘가에 두고 온 경험이 있나요? 그 소지품은 무엇이었나요? 언제 그런 일이 일어났나요? 그것을 다시 되찾았나요? 당신은 어떻게 다시 되찾았나요? 문제를 어떻게 해결했는지에 대해 자세하게 말해주세요.

모범답변

🔊 MP3 1_26

| 도입부

지난 달에 카페에 헤드폰을 두고 옴
left my headphones at a café

For the most part, I'm careful about keeping track of my things. But, we all make mistakes, and there was one time last month when I left my headphones at a café.

보통 저는 제 물건을 챙기는 것에 주의하는 편이에요. 하지만, 우리 모두 실수를 할 때가 있죠. 지난 달에 헤드폰을 카페에 두고 온 적이 있어요.

| 본문

• 챙겨간 물건 많음
  had a lot of stuff

• 친구와의 저녁 약속
  meet my friend for dinner

• 급하게 짐 챙김
  packed up my stuff quickly

• 식당에 도착해서 헤드폰 놓고 온 것을 깨달음
  realized I didn't have my headphones

• 사장님이 물건 보관해 둠
  holding onto them

I went to my favorite café on a Saturday afternoon to study, like I usually do. I had a lot of stuff with me, like my laptop, phone, and of course my headphones. I lost track of time while I was studying and totally forgot that I was supposed to meet my friend for dinner. When I remembered, I packed up my stuff quickly and left in a hurry. It wasn't until I was with my friend at the restaurant that I realized I didn't have my headphones. So, after eating, my friend and I went back to the café. Luckily the owner knows me, so she was holding onto them for me.

제가 평소에 하던 것처럼, 토요일 오후에 공부하려고 좋아하는 카페에 갔어요. 노트북, 핸드폰, 헤드폰 등등 챙겨간 물건이 많았죠. 공부하는 동안 시간 가는 줄 몰랐고, 친구와의 저녁 약속을 아예 까먹었어요. 순간 약속이 떠올랐을 때, 물건을 급히 챙겨 떠났어요. 친구와 식당에 도착했을 때가 되어서야 헤드폰을 놓고 왔다는 것을 깨달았어요. 식사 후에, 친구와 함께 그 카페로 다시 돌아갔죠. 다행히도, 사장님이 저를 알아서 제 물건을 보관해 두셨어요.

| 마무리

운이 좋았음
pretty lucky

Looking back on it now, I was pretty lucky.

돌이켜보니, 제가 운이 굉장히 좋았네요.

고득점 어휘/표현

어휘/표현

leave behind 두고 가다   stuff 물건   lose track of time 시간 가는 줄 모르다   pack up (짐을)챙기다   hold onto 보관하다

STEP 5 나만의 OPIc 답변 만들어 보기

- 호텔 주변에 할 것들 질문

- 가방을 택시에 놓고 온 상황 문제 해결

- 물건 분실 경험

STEP 1 기출 포인트 파악하기

가장 많이 나오는 2 COMBO 세트

❶ 관심 산업의 과거와 현재 비교

Tell me a little bit about a technology that you are interested in. How has it changed in the past few years? Please list some of the biggest changes that have occurred recently with the technology.

당신이 가장 관심있는 산업의 근황에 대해 말해주세요. 지난 몇 년 동안 어떻게 변했나요? 기술과 관련하여 최근 발생한 큰 변화 몇 가지를 나열해주세요.

❷ 불만족스러웠던 상품이나 서비스

Regarding the technology you are interested in, has there ever been a product or service that has failed to meet expectations? Has an aspect of the technology ever disappointed you?

당신이 관심있는 기술과 관련하여 기대에 부응하지 못해 실패한 상품이나 서비스가 있었나요? 기술의 어떤 면에 실망한 적이 있나요?

오픽 꿀팁

기술/산업 관련 문제는 아래와 같은 3 콤보 혹은 2 콤보 세트 구성으로도 등장할 수 있다. 특히 산업은 개인의 진로와 연계되어 출제될 수 있으니 개인의 진로 혹은 사람들이 진로 개발을 위해 하는 노력 등으로 출제될 수 있고, 특정 산업의 재화나 서비스 관련으로 출제 범위가 넓어질 수도 있다.

• 3 콤보 세트
 - 우리나라의 유망 산업
 - 해당 산업 중 유망한 기업과 그 이유
 - 해당 산업이 겪고 있는 문제점과 해결책

• 2 콤보 세트
 - 과거와 현재의 특정 산업 관련 직무 교육의 변화
 - 우리나라 사람들이 관심 가지는 업계

제시된 오늘의 어휘와 패턴을 익히고 답변에 사용하고자 하는 어휘나 패턴에 체크해보세요.

어휘

☐	발생하다	occur
☐	급격하게	rapidly
☐	금융	finance
☐	암호 화폐	cryptocurrency
☐	~에 투자하다	invest in
☐	기대를 만족시키다	meet expectation
☐	예측할 수 없는	unpredictable
☐	갑작스러운 하락	sudden drops
☐	불만족스러운	frustrating
☐	안정적인	stable

패턴

• allow [대상] to ~   대상이 ~ 하는 것을 가능하게 하다

Now it allows people to invest in and sell digital creations, such as art and music.
사람들이 예술이나 음악과 같은 디지털 창작물에 투자하고 거래하는 것까지 가능하게 했습니다.

This new technology _____ me ___ finish my work earlier.
이 신기술은 제가 일을 더 빨리 끝내는 것이 가능하게 했습니다.

• have a big effect on~   ~에 큰 영향을 미치다

Little things can have a big effect on cryptocurrency.
작은 요소들이 암호 화폐에 큰 영향을 미칠 수 있습니다.

This policy can _____ a certain industry.
이 정책은 특정 산업에 대해 큰 영향을 미칠 수 있습니다.

• It can be difficult to~   ~하는 것은 어렵다

It can be difficult to understand.
이해하는 것이 어려울 수 있습니다.

It _____ adapt to a new technology.
새로운 기술에 적응하는 것은 어려울 수 있습니다.

나만의 문장 만들기

주어진 우리말을 보고 빈칸을 채우고 아래 모범 답안을 확인해보세요.

❶ 관심 산업의 과거와 현재 비교 – 관심 산업

항상 금융에 관심	I've always been interested in ___금융___ .
최근 들어 급격한 변화	These days the industry is changing ___급격하게___ .
이해하기 어렵지만 알아 두는 것 중요	It can be ___어려운___ to understand, but it's ___중요한___ to know about it.

❷ 관심 산업의 과거와 현재 비교 – 현재

암호 화폐 관심 폭발적증가	There has been ___폭발___ in people's interest in ___암호 화폐___ .
온갖 종류의 디지털 화폐에 투자	People are investing in ___온갖 종류___ of ___디지털 화폐___ .
디지털 창작물 투자, 판매 가능	It ___가능하게 하다___ people to invest in and sell ___디지털 창작물___ .

❸ 관심 산업의 과거와 현재 비교 – 과거

소수의 사람들만 투자	It seemed like ___소수의 사람들___ actually invested in Bitcoin.
주식과 부동산 투자 더 흔했음	Investing in ___주식___ and ___부동산___ was more ___흔한___ at the time.
위험성이 크다고 생각	Everyone thought digital currencies were ___위험성이 큰___ to invest.

❹ 불만족스러웠던 상품이나 서비스

새로운 투자 형태	It's ___새로운 형태___ of investing.
현명하지 못한 선택, 많은 돈 잃음	A lot of people are making ___현명하지 못한 선택___ and ___잃음___ a lot of money.
예측할 수 없다는 점이 불만	It's ___불만스러운___ because it's so ___예측할 수 없는___ .

모범 답안

❶ finance / rapidly / difficult / important
❷ an explosion / cryptocurrencies / all different types / digital currencies / allows / digital creations
❸ only a small percentage of people / stocks / real estates / common / too risky
❹ a new way / poor decisions / losing / frustrating / unpredictable

실전 문제를 듣고 빈칸을 채우거나 소리내 말해보고 아래 모범 답안을 확인해보세요.

🔊 MP3 1_27

Q14 관심 산업의 과거와 현재 비교

Tell me a little bit about a technology that you are interested in. How has it changed in the past few years? Please list some of the biggest changes that have occurred recently with the technology.

당신이 가장 관심있는 산업의 근황에 대해 말해주세요. 지난 몇 년 동안 어떻게 변했나요? 기술과 관련하여 최근 발생한 큰 변화 몇 가지를 나열해주세요.

모범답변

| 도입부

I've always been interested in finance, and these days the industry is changing rapidly because of 암호 화폐 like Bitcoin. It can be difficult to understand, just like any new technology, but it's important to know about it. Let me tell you about how cryptocurrency has changed over the past few years.

저는 항상 금융에 관심이 있었는데, 이 산업은 최근 들어 비트 코인과 같은 암호 화폐 때문에 급격한 변화를 겪고 있어요. 다른 신기술처럼 이 또한 이해하기는 어렵지만, 알아 두는 것이 중요해요. 지난 몇 년간 암호 화폐가 어떻게 변했는지 말할게요.

| 본문

Recently, there has been an explosion in people's interest in cryptocurrencies. Just a few years ago, it ~처럼 보였다 only a small percentage of people actually invested in Bitcoin. Investing in stocks and real estates was more common at the time and everyone thought digital currencies were too risky to invest. But now, people are investing in all different types of 디지털 화폐 , and new ones 생겨나다 all the time. Now it 가능하게 하다 to invest in and sell digital creations, such as art and music. They're opening up 디지털 상거래의 새로운 시대 . It's really exciting, but to be honest, I still don't completely understand how they work.

최근, 다양한 암호 화폐와 사람들의 관심이 폭발적으로 증가했어요. 불과 몇 년 전만 해도, 비트 코인에 정말 소수의 사람들만 실제로 투자한 듯 보였어요. 이 때는 주식과 부동산에 투자하는 것이 좀 더 흔했고 모두가 디지털 화폐에 투자하는 것은 위험성이 크다고 생각했죠. 하지만, 지금은 사람들이 온갖 종류의 디지털 화폐에 투자하고 있고, 새로운 종류도 계속 생겨나고 있어요. 지금은 예술이나 음악과 같은 디지털 창작물에 투자하고 거래하는 것까지 가능하게 했어요. 디지털 상거래의 새로운 시대를 열고 있죠. 매우 흥미롭긴 하지만, 솔직히 아직도 어떻게 이 시스템이 작동하는지 완전히 이해하지는 못했어요.

| 마무리

I think you should learn more about this technology, too, Ava.

이 기술에 대해 당신도 좀 더 알아보면 좋을 거라고 생각해요, 에바.

모범 답안 cryptocurrencies / seemed like / digital currencies / appear / allows / a whole new world of digital trade

Q14 관심 산업의 과거와 현재 비교

Tell me a little bit about a technology that you are interested in. How has it changed in the past few years? Please list some of the biggest changes that have occurred recently with the technology.

당신이 가장 관심있는 산업의 근황에 대해 말해주세요. 지난 몇 년 동안 어떻게 변했나요? 기술과 관련하여 최근 발생한 큰 변화 몇 가지를 나열해주세요.

모범답변

🔊 MP3 1_28

| 도입부

- 암호 화폐
  cryptocurrencies

- 비트 코인
  Bitcoin

- 급격한 변화
  changing rapidly

I've always been interested in finance, and these days the industry is changing rapidly because of cryptocurrencies like Bitcoin. It can be difficult to understand, but it's important to know about it. Let me tell you about how cryptocurrency has changed over the past few years.

저는 항상 금융에 관심이 있었는데, 이 산업은 최근 들어 비트 코인과 같은 암호 화폐 때문에 급격한 변화를 겪고 있어요. 이해하기는 어려울 수 있지만, 알아 두는 것이 중요해요. 지난 몇 년간 암호 화폐가 어떻게 변화했는지 말할게요.

| 본문

- 소수의 사람들만 투자
  only a small percentage of people invested in

- 주식, 부동산 투자가 흔했음
  investing in stocks and real estates was more common

- 모든 종류의 디지털 화폐에 투자
  all different digital currencies

Recently, there has been an explosion in people's interest in cryptocurrencies. Just few years ago, it seemed like only a small percentage of people actually invested in Bitcoin. Investing in stocks and real estates was more common at the time and everyone thought digital currencies were too risky to invest. But now, people are investing in all different types of digital currencies, and new ones appear all the time. Now it allows people to invest in and sell digital creations, such as art and music. They're opening up a whole new world of digital trade. It's really exciting, but to be honest, I still don't completely understand how they work.

최근, 다양한 암호 화폐와 사람들의 관심이 폭발적으로 증가했어요. 불과 몇 년 전만 해도, 비트 코인에 정말 소수의 사람들만 실제로 투자한 듯 보였어요. 이 때는 주식과 부동산에 투자하는 것이 좀 더 흔했고 모두가 디지털 화폐에 투자하는 것은 위험성이 크다고 생각했죠. 하지만, 지금은 사람들이 온갖 종류의 디지털 화폐에 투자하고 있고, 새로운 종류도 계속 생겨나고 있어요. 지금은 예술이나 음악과 같은 디지털 창작물에 투자하고 거래하는 것까지 가능하게 했어요. 디지털 상거래의 새로운 시대를 열고 있죠. 매우 흥미롭긴 하지만, 솔직히 아직도 어떻게 이 시스템이 작동하는지 완전히 이해하지는 못했어요.

| 마무리

좀 더 알아보길 바람
learn more about

I think you should learn more about this technology, too, Ava.

이 기술에 대해 당신도 좀 더 알아보면 좋을 거라고 생각해요, 에바.

고득점 어휘/표현

Q15 불만족스러웠던 상품이나 서비스

Regarding the technology you are interested in, has there ever been a product or service that has failed to meet expectations? Has an aspect of the technology ever disappointed you?

당신이 관심있는 기술과 관련하여 기대에 부응하지 못해 실패한 상품이나 서비스가 있었나요? 기술의 어떤 면에 실망한 적이 있나요?

모범답변

| 도입부

It always takes some time for a new technology to become 완전히 안정적인 , and cryptocurrency has the same problem.

신기술이 완전히 안정화되기까지 늘 시간이 꽤 걸리는 것처럼 암호 화폐도 동일한 문제를 가지고 있어요.

| 본문

For example, since it's 새로운 투자 형태 , a lot of people are making 현명하지 못한 결정 and losing a lot of money. The values 오르내리다 often, which can be good and bad. But, people always want to get 빨리 부자가 되는 , and that can be a dangerous way to invest. I know because I've lost some money myself. In addition, since the values change so much, little things can ~에 큰 영향을 미치다 cryptocurrency. This means a negative news article or one post on social media can have a huge influence on your investments. It's frustrating because it's so 예측할 수 없는 . It always makes me doubt my decision to invest in cryptocurrency.

예를 들어, 암호 화폐가 새로운 투자 형태이다 보니, 많은 사람들이 현명하지 못한 결정을 내려서 큰돈을 잃기도 해요. 장단점이 있지만 가치가 자주 오르내려요. 하지만, 사람들은 항상 빠르게 부를 얻기를 원하고 위험한 방법으로 투자할 수 있어요 매우 위험한 방법으로 투자를 해요. 저도 돈을 좀 잃어 봤기 때문에 알죠. 게다가, 가치의 변동이 심하기 때문에 작은 요소들이 암호 화폐에 큰 영향을 미칠 수 있어요. 이 말인즉슨, 부정적인 뉴스 기사나 소셜 미디어의 게시글 하나가 당신의 투자에 큰 영향을 미칠 수 있다는 것을 의미해요. 예측할 수 없다는 것이 불만스러운 점이에요. 암호 화폐에 투자한 제 선택을 항상 의심하곤 해요.

| 마무리

But, I still think everything will become more stable over the next few years.

저는 아직도 모든 것들이 좀 더 안정화되려면 앞으로 몇 년이 더 걸릴 것 같다고 생각해요.

모범 답안

totally stable / a new way of investing / poor decisions / rise and fall / rich quick / have a big effect on / unpredictable

Regarding the technology you are interested in, has there ever been a product or service that has failed to meet expectations? Has an aspect of the technology ever disappointed you?

당신이 관심있는 기술과 관련하여 기대에 부응하지 못해 실패한 상품이나 서비스가 있었나요? 기술의 어떤 면에 실망한 적이 있나요?

모범답변

 MP3 1_30

| 도입부

신기술 안정화되려면 시간이 걸림
takes some time for a new technology to become totally stable

It always takes some time for a new technology to become totally stable, and cryptocurrency has the same problem.

신기술이 완전히 안정화되기까지 늘 시간이 꽤 걸리는 것처럼 암호 화폐도 동일한 문제를 가지고 있어요.

| 본문

- 새로운 투자 형태
  a new way of investing
- 잘못된 결과, 많은 돈 잃음
  making poor decisions and losing a lot of money
- 예측할 수 없음
  unpredictable

For example, since it's a new way of investing, a lot of people are making poor decisions and losing a lot of money. The values rise and fall often, which can be good and bad. But, people always want to get rich quick, and that can be a dangerous way to invest. I know because I've lost some money myself. In addition, since the values change so much, little things can have a big effect on cryptocurrency. This means a negative news article or one post on social media can have a huge influence on your investments. It's frustrating because it's so unpredictable. It always makes me doubt my decision to invest in cryptocurrency.

예를 들어, 암호 화폐가 새로운 투자 형태이다 보니, 많은 사람들이 현명하지 못한 결정을 내려서 큰돈을 잃기도 해요. 장단점이 있지만 가치가 자주 오르내려요. 하지만, 사람들은 항상 빠르게 부를 얻기를 원하고 위험한 방법으로 투자할 수 있어요 매우 위험한 방법으로 투자를 해요. 저도 돈을 좀 잃어 봤기 때문에 알죠. 게다가, 가치의 변동이 심하기 때문에 작은 요소들이 암호 화폐에 큰 영향을 미칠 수 있어요. 이 말인즉슨, 부정적인 뉴스 기사나 소셜 미디어의 게시글 하나가 당신의 투자에 큰 영향을 미칠 수 있다는 것을 의미해요. 예측할 수 없다는 것이 불만스러운 점이에요. 암호 화폐에 투자한 제 선택을 항상 의심하곤 해요.

| 마무리

안정화되려면 몇 년 더 걸림
become stable over the next few years

But, I still think everything will become more stable over the next few years.

저는 아직도 모든 것들이 좀 더 안정화되려면 앞으로 몇 년이 더 걸릴 것 같다고 생각해요.

고득점 어휘/표현

어휘/표현

meet expectations 기대에 부응하다 take some time 시간이 좀 걸리다 poor decision 현명하지 못한 결정 have a huge influence on ~에 큰 영향을 미치다 frustrating 불만스러운

• 관심 산업의 과거와 현재 비교

• 불만족스러웠던 상품이나 서비스

OPIc

진짜학습지

IH

Week

2

OPIc
진짜학습지 IH

초판 4쇄 발행 2025년 7월 15일

지은이 멀티캠퍼스·시원스쿨어학연구소
펴낸곳 (주)에스제이더블유인터내셔널
펴낸이 양홍걸 이시원

홈페이지 www.siwonschool.com
주소 서울시 영등포구 영신로 166 시원스쿨
교재 구입 문의 02)2014-8151
고객센터 02)6409-0878

ISBN 979-11-6150-584-8 13740
Number 1-110806-12123000-04

Week

2

이번 주 학습 목표

◈ 다양한 어휘와 문장 구조를 사용하여 발화량을 높일 수 있다.

◈ 익숙하지 않은 공통형 주제에도 도입부-본문-마무리의 순서로 답변할 수 있다.

◈ 최신 이슈를 활용해 공통형 문제에 응용하여 답변할 수 있다.

전체 MP3 모음

문항 구성

자기소개	1 자기소개		공통형 날씨	8 우리나라의 날씨
선택형 공원 가기	2 자주 가는 공원			9 과거와 현재의 날씨 변화
	3 최근 공원 방문			10 극한 날씨 관련 경험
	4 기억에 남는 공원 관련 경험		롤플레이 (공통형) 약속	11 새로 생긴 헬스장에 전화해 질문
선택형 집에서 보내는 휴가	5 휴가를 보내는 경향			12 친구와의 약속 취소 상황 문제 해결
	6 최근 휴가			13 약속 취소 경험
	7 기억에 남는 휴가 경험		공통형 집	14 과거와 현재의 주택 변화
				15 주택 시장 관련 최근 뉴스나 이슈

시험 난이도 ★★★★☆

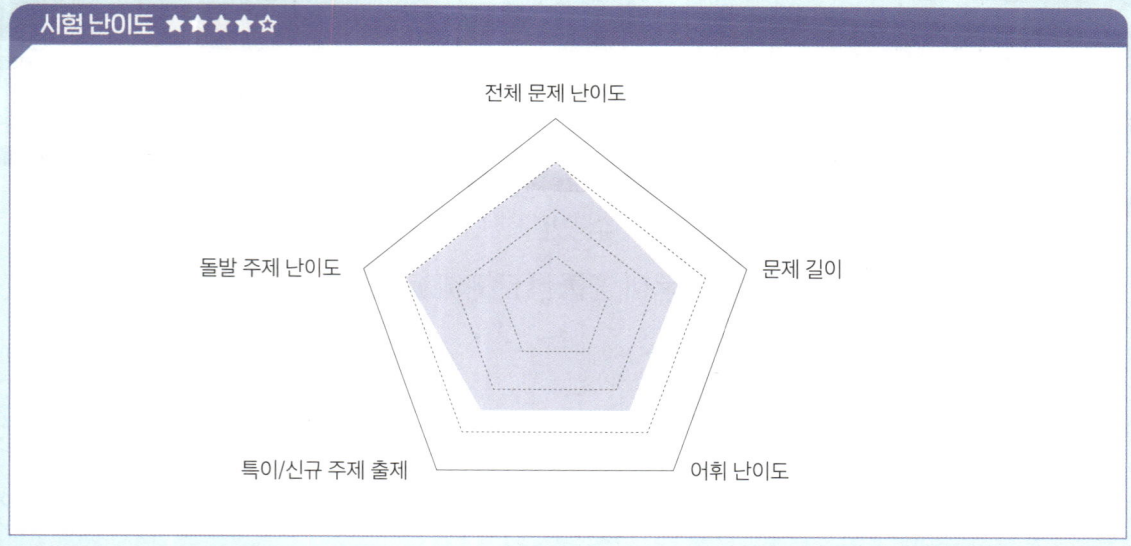

Self-Assessment 4-4

STEP 1 어휘와 패턴 익히기

제시된 오늘의 어휘와 패턴을 익히고 답변에 사용하고자 하는 어휘나 패턴에 체크해보세요.

어휘

☐	일자리를 구하다, 직장을 구하다	look for a job
☐	교외	suburb
☐	느긋한	easy-going
☐	차분한	calm
☐	낙천적인	optimistic
☐	여유 시간에	in my free time
☐	활동적인	active
☐	결단력 있는 사람	go-getter
☐	사교적인, 사회적인	social
☐	적극적인	outgoing

패턴

• live in a suburb of ~외곽에 살다

I live in a suburb of Seoul.
저는 서울 외곽에 살고 있습니다.
Jane _____ New York.
제인은 뉴욕 외곽에 살고 있습니다.

• As for ~에 대해 말하자면, ~의 경우에는

As for me, I think I'm an easy-going person.
저에 대해 말하자면, 성격이 느긋한 편이에요.
_____ my personality, I'm a real go-getter.
제 성격에 대해 말하자면, 저는 매우 결단력 있는 편이에요.

• I'm not sure ~지 잘 모르겠다

I'm not sure what else to say.
또 어떤 말을 해야 할지 잘 모르겠네요.
_____ if I understand your question correctly.
제가 당신의 질문을 올바르게 이해했는지 잘 모르겠네요.

STEP 2 실전 문제 풀어보고 확인하기

실전 문제를 듣고 아래 핵심 아이디어를 확인한 뒤 소리내 말해보세요.

🔊 MP3 2_1

Q1 자기소개

Let's start the interview now. Tell me a little bit about yourself.

인터뷰를 시작합니다. 당신에 대해 말해주세요.

모범답변

🔊 MP3 2_2

| 도입부

이름
my name is [ ]

> Sure. My name is Aaron.
>
> 그럼요. 제 이름은 애런이에요.

| 본문

• 나이 [ ]
 years old

• 서울 외곽에 살고 있음
 a suburb of Seoul

• 느긋한 성격, 차분하고
 낙천적으로 살려고 노력함
 easy-going, try to stay calm
 and optimistic

> I'm 28 years old, and I'm looking for a job right now. I live in
> a suburb of Seoul with my mother and father. I have an older
> brother, but he lives in the city with his wife. As for me, I think I'm
> an easy-going person. I try to stay calm and optimistic. I like to
> play computer games in my free time.
>
> 저는 28살이고, 지금 직장을 구하고 있어요. 어머니, 아버지와 함께 서울 외곽에 살고 있죠.
> 저에겐 형이 있는데, 형은 아내와 함께 도시에 살고 있어요. 저에 대해 말하자면, 성격이 느긋
> 한 편이에요. 차분하고 낙천적인 태도를 유지하려고 노력해요. 여가 시간에는 컴퓨터 게임하
> 는 걸 좋아해요.

| 마무리

이 정도임
I think that's it.

> I think that's it. I'm not sure what else to say.
>
> 이게 다인 것 같아요. 또 어떤 말을 해야 할지 잘 모르겠네요.

고득점 어휘/표현

어휘/표현

look for a job 직업을 구하다   suburb 교외   easy-going 느긋한   optimistic 낙천적인

STEP1 기출 포인트 파악하기

가장 많이 나오는 3 COMBO 세트

❶ 자주 가는 공원

You indicated in the survey that you enjoy going to parks. Tell me about your favorite park to go to. Where is it? What is it that you like about the park? Do you go there with anyone else? When do you usually go? Tell me as much as you can.

설문조사에서 당신은 공원에 가는 것을 좋아한다고 했어요. 가장 좋아하는 공원에 대해 말해주세요. 어디에 있는 공원인가요? 그 공원의 어떤 점을 좋아하나요? 누구와 함께 가나요? 주로 언제 가나요? 최대한 많이 말해주세요.

❷ 최근 공원 방문

Tell me about the last time you went to a park. Did you go with anyone else? What did you do while you were there? Did anything special or surprising happen there? Tell me about the last time you went to the park in as much detail as possible.

가장 최근에 당신이 공원에 갔던 때에 대해 말해주세요. 다른 사람과 함께 갔었나요? 그곳에 있는 동안 무엇을 했나요? 그곳에서 특별하거나 놀라운 일이 있었나요? 가장 최근에 당신이 공원에 갔던 때에 대해 가능한 한 자세히 말해주세요.

❸ 기억에 남는 공원 관련 경험

Has something special ever happened to you at a park? What happened? When did it happen? Were you with anyone else at the time? What caused it to happen? What was your reaction? Tell me why it was so special.

공원에서 특별한 일을 겪을 적이 있나요? 무슨 일이 있었나요? 언제 그 일이 일어났나요? 그 때 다른 사람과 함께 있었나요? 그 일이 일어났던 이유는 무엇인가요? 당신은 어떻게 반응했나요? 그 일이 당신에게 왜 특별한지 말해주세요.

오픽 꿀팁 추가 빈출 문제

공원에서 주로 하는 활동

Describe what a typical visit to the park is like for you. Tell me about the things you do and see at parks.

당신의 일반적인 공원 방문에 대해 묘사해주세요. 공원에서 무엇을 하고 어떤 것들을 보는지에 대해 말해 주세요.

제시된 오늘의 어휘와 패턴을 익히고 답변에 사용하고자 하는 어휘나 패턴에 체크해보세요.

어휘

☐	설비, 시설	facilities
☐	길	path
☐	휴식을 취하다	relax
☐	긴장을 풀다	unwind
☐	시간을 보내다, 놀다	hang out
☐	유행병 규제	pandemic restrictions
☐	편의점	convenience store
☐	쌀쌀한	chilly
☐	연못	pond
☐	좋은 기억	fond memory

패턴

• **be situated**   ~에 위치하다

It's **situated** around a lake.
그것은 호수 근처에 위치해 있습니다.

The company _____ on the top floor of the building.
그 회사는 빌딩의 맨 위층에 위치해 있습니다.

• **There isn't anything too special about**   ~에 그리 특별한 점은 없다

There isn't anything too special about this park, but I like it.
공원의 특별한 점은 없을지 몰라도 이 곳을 좋아합니다.

_____ the café, but it's my go-to.
그 카페의 특별한 점은 없을지 몰라도 제가 자주 찾는 곳입니다.

• **It's easy to**   ~하기에 쉽다

It's easy to run for as long as I want.
제가 원하는 만큼 오랜 시간 뛰기 쉽습니다.

The table _____ assemble.
그 탁자는 조립하기 쉽습니다.

STEP 3 나만의 문장 만들기

주어진 우리말을 보고 빈칸을 채우고 아래 모범 답안을 확인해보세요.

❶ 자주 가는 공원 – 공원 위치

가까운 데에 있음	It's [가까운] to my home.
도보로 5분 걸림	It's only a five-minute [도보로] for me to get there.
새로 생겨서 잘 정비됨	It's also new, so all the [시설들] are [잘 정비된].

❷ 자주 가는 공원 – 혼자 시간 보냄

보통 혼자 감	I usually go [혼자].
긴장을 풀고 여유를 느낌	It's a chance for me to [긴장을 풀다] and [휴식을 취하다] on my own.
적어도 일주일에 한 번 감	I usually go [적어도] once a week to [운동하다].

❸ 최근 공원 방문 – 공원에서 한 일

깔고 앉을 담요를 챙김	We [가지고 갔다] a blanket to sit on.
편의점에서 먹을 것을 삼	We bought some beer and snacks at the [편의점].
저녁으로 치킨을 주문함	We [주문했다] chicken for dinner.

❹ 기억에 남는 공원 관련 경험

조부모님과 공원에 간 좋은 기억이 있음	I do have [좋은 기억] of my grandparents taking me to the park.
할머니께서 도시락을 싸 줌	My grandmother [(도시락을) 쌌다] a nice lunch for us.
여느 때처럼 맛있었음	[물론], my grandmother's food was delicious [여느 때와 같이].

실전 문제를 듣고 빈칸을 채우거나 소리내 말해보고 아래 모범 답안을 확인해보세요.

🔊 MP3 2_3

Q2 자주 가는 공원

You indicated in the survey that you enjoy going to parks. Tell me about your favorite park to go to. Where is it? What is it that you like about the park? Do you go there with anyone else? When do you usually go? Tell me as much as you can.

설문조사에서 당신은 공원에 가는 것을 좋아한다고 했어요. 가장 좋아하는 공원에 대해 말해주세요. 어디에 있는 공원인가요? 그 공원의 어떤 점을 좋아하나요? 누구와 함께 가나요? 주로 언제 가나요? 최대한 많이 말해주세요.

모범답변

| 도입부

There's a park in my neighborhood that I enjoy going to. It's [~라 불리는] Lakeview Park.

우리 동네에 제가 즐겨 가는 공원이 있어요. 이름은 레이크뷰 공원이에요.

| 본문

I guess the main reason I like this park so much is that it's [가까운] to my home. It's only a five-minute walk for me to get there. It's also [새로 생긴, 새로운], so all the [시설들] are [잘 정비된, 상태가 좋은]. The park is large, and it [위치해 있다] around a lake. That's where it gets its name. Mostly, I like to jog at the park. There's a [길] that goes around the lake, so it's easy to run for as long as I want. Honestly, I usually go [혼자서]. It's a chance for me to [긴장을 풀다] and [휴식을 취하다] on my own. I usually go [적어도] once a week to exercise and be by myself.

아마 제가 이 공원을 그렇게 좋아하는 건 저희 집에서 가깝기 때문인 것 같아요. 가는 데 걸어서 5분 밖에 안 걸리거든요. 또, 새로 생긴 곳이라 모든 시설이 잘 정비되어 있어요. 그 공원은 크기가 크고, 호수 근처에 있어요. 그래서 그런 이름이 생겼어요. 주로, 저는 그곳에서 조깅을 해요. 호수를 따라 길이 나 있어서, 원하는 만큼 뛰기 편해요. 사실, 전 보통 그곳에 혼자 가는 편이에요. 긴장을 풀고 혼자서 쉴 수 있는 기회이거든요. 저는 보통 적어도 일주일에 한 번은 가서 운동하고 혼자 시간을 보내요.

| 마무리

There isn't anything too [특별한] about this park, but I like it.

공원의 특별한 점은 없을지 몰라도, 전 이 곳을 좋아해요.

모범 답안

called / close / new / facilities / in good shape / is situated / path / by myself / unwind / relax / at least / special

You indicated in the survey that you enjoy going to parks. Tell me about your favorite park to go to. Where is it? What is it that you like about the park? Do you go there with anyone else? When do you usually go? Tell me as much as you can.

설문조사에서 당신은 공원에 가는 것을 좋아한다고 했어요. 가장 좋아하는 공원에 대해 말해주세요. 어디에 있는 공원인가요? 그 공원의 어떤 점을 좋아하나요? 누구와 함께 가나요? 주로 언제 가나요? 최대한 많이 말해주세요.

모범답변

◀)) MP3 2_4

| 도입부

동네에 있는 공원
a park in my neighborhood

There's a park in my neighborhood that I enjoy going to. It's called Lakeview Park.

우리 동네에 제가 즐겨 가는 공원이 있어요. 이름은 레이크뷰 공원이에요.

| 본문

• 집에서 가까움
  close to my home

• 새로 생긴 곳 → 잘 정비되어 있음
  new → in good shape

• 조깅을 함
  → 긴장을 풀고 쉴 수 있음
  jog → unwind and relax

I guess the main reason I like this park so much is that it's close to my home. It's only a five-minute walk for me to get there. It's also new, so all the facilities are in good shape. The park is large, and it is situated around a lake. That's where it gets its name. Mostly, I like to jog at the park. There's a path that goes around the lake, so it's easy to run for as long as I want. Honestly, I usually go by myself. It's a chance for me to unwind and relax on my own. I usually go at least once a week to exercise and be by myself.

아마 제가 이 공원을 그렇게 좋아하는 건 저희 집에서 가깝기 때문인 것 같아요. 가는 데 걸어서 5분 밖에 안 걸리거든요. 또, 새로 생긴 곳이라 모든 시설이 잘 정비되어 있어요. 그 공원은 크기가 크고, 호수 근처에 있어요. 그래서 그런 이름이 생겼어요. 주로, 저는 그곳에서 조깅을 해요. 호수를 따라 길이 나 있어서, 제가 원하는 만큼 뛰기 편해요. 사실, 전 보통 그곳에 혼자 가는 편이에요. 긴장을 풀고 혼자서 쉴 수 있는 기회이거든요. 보통 적어도 일주일에 한 번은 가서 운동하고 혼자 시간을 보내요.

| 마무리

특별한 점은 없음
not anything too special about

There isn't anything too special about this park, but I like it.

공원의 특별한 점은 없을지 몰라도, 전 이 곳을 좋아해요.

고득점 어휘/표현

어휘/표현

neighborhood 근처, 동네   facility 설비, 시설   in good shape (사람의) 몸 상태가 좋은, (사물이) 좋은 상태인   be situated 위치해 있다
jog 천천히 달리다, 조깅하다   mostly 주로   on one's own 혼자서   by oneself 혼자, 도움을 받지 않고

Q3 최근 공원 방문

Tell me about the last time you went to a park. Did you go with anyone else? What did you do while you were there? Did anything special or surprising happen there? Tell me about the last time you went to the park in as much detail as possible.

가장 최근에 당신이 공원에 갔던 때에 대해 말해주세요. 다른 사람과 함께 갔었나요? 그곳에 있는 동안 무엇을 했나요? 그곳에서 특별하거나 놀라운 일이 있었나요? 가장 최근에 당신이 공원에 갔던 때에 대해 가능한 한 자세히 말해주세요.

모범답변

| 도입부

The last time I went to the park was 몇 주 전에 , and I went there with my friends.

가장 최근에 공원에 간 건 몇 주 전이었고, 전 친구들과 함께 갔어요.

| 본문

My friends and I wanted to do something outside since winter was right around the corner. So, we decided to 시간을 보내다, 놀다 at Han River Park. It was better to be outside anyways because of the 유행병 방역 지침 . We took a blanket to sit on, and we bought some beer and snacks at the 편의점 . We just talked and enjoyed the nice fall weather, so it was nothing special. Well, there was one thing. We 주문했다 chicken for dinner, and I don't know why, but for some reason it was the best chicken I've ever had. Maybe it's just because I was having such a good time.

겨울이 코앞이었기 때문에 친구들과 저는 밖에서 뭔가를 하고 싶었어요. 그래서, 저희는 한강 공원에서 놀기로 정했어요. 유행병 규제 때문에 어쨌든 실외에 있는 게 나았거든요. 우린 깔고 앉을 담요를 챙기고, 편의점에서 맥주와 과자를 샀어요. 우린 그냥 얘기하면서 좋은 가을 날씨를 즐겼어요. 그래서, 특별할 건 없었어요. 음, 하나 있긴 했어요. 저녁으로 치킨을 시켰는데, 이유는 모르겠지만, 제가 먹었던 치킨 중에서 가장 맛있었어요. 어쩌면 그냥 제가 정말 좋은 시간을 보내고 있었기 때문에 그랬던 것 같아요.

| 마무리

It got 쌀쌀한, 추운 in the evening, so we packed up and left. It wasn't anything special, but I had a great time with my friends at the park.

저녁에는 날씨가 추워져서, 우린 짐을 챙겨서 집으로 갔어요. 특별한 일은 아니었지만 전 친구들과 공원에서 정말 좋은 시간을 보냈어요.

모범 답안

a few weeks ago / hang out / pandemic restrictions / convenience store / ordered / chilly

Tell me about the last time you went to a park. Did you go with anyone else? What did you do while you were there? Did anything special or surprising happen there? Tell me about the last time you went to the park in as much detail as possible.

가장 최근에 당신이 공원에 갔던 때에 대해 말해주세요. 다른 사람과 함께 갔었나요? 그곳에 있는 동안 무엇을 했나요? 그곳에서 특별하거나 놀라운 일이 있었나요? 가장 최근에 당신이 공원에 갔던 때에 대해 가능한 한 자세히 말해주세요.

모범답변

 MP3 2_6

| 도입부

몇 주전에 감
a few weeks ago

The last time I went to the park was a few weeks ago, and I went there with my friends.

가장 최근에 공원에 간 건 몇 주 전이었고, 전 친구들과 함께 갔어요.

| 본문

- 한강 공원에서 놀기로 함
  hang out at Han River Park
- 편의점에서 맥주와 과자를 삼
  bought some beer and snacks at the convenience store
- 저녁으로 치킨을 주문
  ordered chicken for dinner

My friends and I wanted to do something outside since winter was right around the corner. So, we decided to hang out at Han River Park. It was better to be outside anyways because of the pandemic restrictions. We took a blanket to sit on, and we bought some beer and snacks at the convenience store. We just talked and enjoyed the nice fall weather, so it was nothing special. Well, there was one thing. We ordered chicken for dinner, and I don't know why, but for some reason it was the best chicken I've ever had. Maybe it's just because I was having such a good time.

겨울이 코앞이었기 때문에 친구들과 저는 밖에서 뭔가를 하고 싶었어요. 그래서, 저희는 한강 공원에서 놀기로 정했어요. 유행병 규제 때문에 어쨌든 실외에 있는 게 나았거든요. 우린 깔고 앉을 담요를 챙기고, 편의점에서 맥주와 과자를 샀어요. 우린 그냥 얘기하면서 좋은 가을 날씨를 즐겼어요. 그래서, 특별할 건 없었어요. 음, 하나 있긴 했어요. 저녁으로 치킨을 시켰는데, 이유는 모르겠지만, 제가 먹었던 치킨 중에서 가장 맛있었어요. 어쩌면 그냥 제가 정말 좋은 시간을 보내고 있었기 때문에 그랬던 것 같아요.

| 마무리

좋은 시간을 보냄
had a great time

It got chilly in the evening, so we packed up and left. It wasn't anything special, but I had a great time with my friends at the park.

저녁에는 날씨가 추워져서, 우린 짐을 챙겨서 집으로 갔어요. 특별한 일은 아니었지만 전 친구들과 공원에서 정말 좋은 시간을 보냈어요.

고득점 어휘/표현

어휘/표현

hang out ~와 시간을 보내다, 쉬다   restriction 제한, 규제   for some reason 무슨 이유 때문인지, 왠지   pack up 짐을 챙기다

Q4 기억에 남는 공원 관련 경험

Has something special ever happened to you at a park? What happened? When did it happen? Were you with anyone else at the time? What caused it to happen? What was your reaction? Tell me why it was so special.

공원에서 특별한 일을 겪은 적이 있나요? 무슨 일이 있었나요? 언제 그 일이 일어났나요? 그 때 다른 사람과 함께 있었나요? 그 일이 일어났던 이유는 무엇인가요? 당신은 어떻게 반응했나요? 그 일이 당신에게 왜 특별한지 말해주세요.

모범답변

| 도입부

솔직히 말하자면 , I can't think of anything too special that has happened to me at a park.

솔직히 말하자면, 공원에서 겪은 특별한 일은 생각나지 않아요.

| 본문

But, I do have one fond memory of my grandparents taking me to the park. My grandfather drove us there, and my grandmother 싸 주셨다 a nice lunch for us. It was sunny, so we found some shade under a big tree and had a picnic. Of course, my grandmother's food was delicious 평소와 같이 . After lunch we walked around the 연못 at the park. My grandfather pointed out the fish in the water. They looked so huge to me! We stood on a wooden bridge and fed them 남은 것들, 남은 음식 from our lunch, and they nearly ~밖으로 뛰어 나왔다 the water in excitement. It was fun, but kind of scary, too.

하지만, 조부모님이 절 데리고 공원에 가셨던 다정한 기억이 있어요. 할아버지께서 모두를 차로 데려다주셨고, 할머니께서는 함께 먹을 맛있는 점심을 싸 주셨어요. 화창한 날이어서, 우리는 큰 나무 밑에 있는 그늘을 찾아서 소풍을 즐겼어요. 물론, 할머니의 음식은 평소처럼 맛있었죠. 식사 후에 우린 공원에 있는 연못 근처를 산책했어요. 할아버지께서 물 속에 있는 물고기를 가리키셨죠. 저한테는 엄청 크게 보였어요! 우리는 나무 다리에 서서 점심을 먹고 남은 음식을 먹이로 던져줬고, 물고기들은 신나서 거의 물 밖으로 뛰어나왔죠. 재밌었지만, 조금 무섭기도 했어요.

| 마무리

I think it was a 특별한 기억 for my grandparents, too. They have some pictures from that day in their living room.

조부모님께도 특별한 추억이었던 것 같아요. 거실에 그 날 찍은 사진 몇 개가 있더라고요.

모범 답안

If I'm being honest / packed / as always / pond / leftovers / leapt out of / special memory

Has something special ever happened to you at a park? What happened? When did it happen? Were you with anyone else at the time? What caused it to happen? What was your reaction? Tell me why it was so special.

공원에서 특별한 일을 겪을 적이 있나요? 무슨 일이 있었나요? 언제 그 일이 일어났나요? 그 때 다른 사람과 함께 있었나요? 그 일이 일어났던 이유는 무엇인가요? 당신은 어떻게 반응했나요? 그 일이 당신에게 왜 특별한지 말해주세요.

모범답변

MP3 2_8

| 도입부

특별한 일은 생각나지 않음
can't think of anything

If I'm being honest, I can't think of anything too special that has happened to me at a park.

솔직히 말하자면, 공원에서 겪은 특별한 일은 생각나지 않아요.

| 본문

- 할아버지께서 차로 데려다 주심
  drove us there
- 할머니께서 맛있는 점심 싸주심
  packed a nice lunch
- 연못 근처를 산책함
  walked around the pond
- 남은 음식을 물고기 먹이로 줌
  fed them leftovers

But, I do have one fond memory of my grandparents taking me to the park. My grandfather drove us there, and my grandmother packed a nice lunch for us. It was sunny, so we found some shade under a big tree and had a picnic. Of course, my grandmother's food was delicious as always. After lunch we walked around the pond at the park. My grandfather pointed out the fish in the water. They looked so huge to me! We stood on a wooden bridge and fed them leftovers from our lunch, and they nearly leapt out of the water in excitement. It was fun, but kind of scary, too.

하지만, 조부모님이 절 데리고 공원에 가셨던 다정한 기억이 있어요. 할아버지께서 모두를 차로 데려다주셨고, 할머니께서는 함께 먹을 맛있는 점심을 싸 주셨어요. 화창한 날이어서, 우리는 큰 나무 밑에 있는 그늘을 찾아서 소풍을 즐겼어요. 물론, 할머니의 음식은 평소처럼 맛있었죠. 식사 후에 우린 공원에 있는 연못 근처를 산책했어요. 할아버지께서 물 속에 있는 물고기를 가리키셨죠. 저한테는 엄청 크게 보였어요! 우리는 나무 다리에 서서 점심을 먹고 남은 음식을 먹이로 던져줬고, 물고기들은 신나서 거의 물 밖으로 뛰어나왔죠. 재밌었지만, 조금 무섭기도 했어요.

| 마무리

조부모님께도 특별한 추억이었음
special memory for my grandparents too

I think it was a special memory for my grandparents, too. They have some pictures from that day in their living room.

조부모님께도 특별한 추억이었던 것 같아요. 거실에 그 날 찍은 사진 몇 개가 있더라고요.

고득점 어휘/표현

어휘/표현

pack (물건을) 싸다, 챙기다   as always 평소와 같이   leftover 남은 음식   leap out of ~에서 뛰쳐나오다

· 자주 가는 공원

도입부 ▶ 본문 ▶ 마무리

· 최근 공원 방문

도입부 ▶ 본문 ▶ 마무리

· 기억에 남는 공원 관련 경험

도입부 ▶ 본문 ▶ 마무리

STEP 1 **기출 포인트 파악하기**

가장 많이 나오는 3 COMBO 세트

❶ 휴가를 보내는 경향

You indicated in the survey that you like to stay at home for vacation. Who do you like to spend time with when you are at home for vacation? What do you like to do together? Why do you like spending time with them during your vacation?

설문조사에서 당신은 휴가동안 집에 있는 것을 좋아한다고 답했습니다. 집에서 휴가를 보낼 때, 누구와 함께 시간을 보내고 싶나요? 함께 무엇을 하고 싶나요? 휴가동안 그들과 함께 시간을 보내는 것이 왜 좋은가요?

❷ 최근 휴가

What did you do during your last vacation at home? Did you have any special plans? When was your vacation? Did you spend it with anyone else? Tell me everything in detail.

가장 최근에 집에서 휴가를 보내는 동안 무엇을 했나요? 특별한 계획이 있었나요? 휴가는 언제였나요? 다른 사람과 함께 시간을 보냈나요? 모든 걸 자세히 말해주세요.

❸ 기억에 남는 휴가 경험

Tell me about the most remarkable event that happened to you while spending a vacation at home. What happened? When did it happen? Were you with anyone else? What was your reaction? What made it so memorable? Tell me as much as you can.

집에서 휴가를 보내는 동안 있었던 가장 기억에 남는 일에 대해서 말해주세요. 무슨 일이 있었나요? 언제 그 일이 일어났나요? 그 때 다른 사람과 함께 있었나요? 당신은 어떻게 반응했나요? 그 일이 기억에 남는 이유는 무엇인가요? 할 수 있는 만큼 많이 말해주세요.

오픽 꿀팁 추가 빈출 문제

집에서 보내는 휴가의 변화
You indicated that you take vacations at home. What do people in your country normally do on their vacations? How has the way they spend vacations changed over the years? Tell me everything in detail.
당신은 집에서 휴가를 보낸다고 했습니다. 당신 나라의 사람들은 휴가에 주로 무엇을 하나요? 지난 몇 년간 휴가를 보내는 방식은 어떻게 변화했나요? 모든 걸 자세히 말해주세요.

제시된 오늘의 어휘와 패턴을 익히고 답변에 사용하고자 하는 어휘나 패턴에 체크해보세요.

어휘

☐	피로하게 하는, 소모적인	exhausting
☐	(휴식으로 에너지 등을) 충전하다	recharge
☐	~와 근황을 나누다	catch up with
☐	죄책감에서 벗어난	guilt-free
☐	(TV 드라마 시리즈를) 몰아보다, 정주행하다	binge-watch
☐	까다로운, 곤란한	tricky
☐	즐겁게 해주다	entertain
☐	영화 여러 편을 몰아보는 것	movie marathon
☐	망치다	ruin
☐	평범한	unremarkable

패턴

• the thing is,   실은, 사실은, 문제는 (중요한 사실 언급이나 화제 전환 시)

The thins is, I work with a lot of people all the time.
실은, 저는 항상 많은 사람들과 함께 일합니다.

_____, the project is 1 week behind the schedule.
문제는, 그 프로젝트가 일주일 지연되었다는 겁니다.

• tend to   ~하는 경향이 있다, ~한 편이다

Vacations at home tend to be unremarkable.
집에서 보내는 휴가는 평범한 편입니다.

I _____be nervous when I give a presentation.
저는 발표를 할 때, 긴장하는 편입니다.

• at first   처음에는

I was disappointed at first, but I decided to make the best of it.
처음에는 실망했지만, 저는 최선을 다하기로 결심했습니다.

_____ I thought John was joking, but I realized it was true.
처음에는 존이 농담하는 줄 알았는데, 그게 사실이란 걸 알게 됐습니다.

나만의 문장 만들기

주어진 우리말을 보고 빈칸을 채우고 아래 모범 답안을 확인해보세요.

❶ 휴가를 보내는 경향 – 혼자 시간 보내기

혼자 시간을 보내고 싶음	I just like [시간을 보내는 것] by myself when I'm on vacation.
여유를 가질 시간이 필요함	I need time to relax [혼자서].
이게 재충전의 방법임	It's how I [재충전하다].

❷ 휴가를 보내는 경향 – 가족들과 함께 보내기

가족과 함께 보내고 싶음	It would be nice to [(시간을) 보내다] some time with my family.
모두와 근황을 나눌 수 있음	I could [~와 근황을 나누다] everyone.
식당에서 맛있는 식사를 할 수 있음	We can have a nice [식사] together at a restaurant.

❸ 최근 휴가

주말 포함 일주일을 쉼	I took an [전체의] week off, [~를 포함해서] the weekends.
유행병 때문에 아무것도 못함	I couldn't really do anything because of the [유행병].
친구조차 만날 수 없었음	I couldn't [심지어, ~조차] meet my friends.

❹ 기억에 남는 휴가 경험

사회적 거리두기로 인해 나갈 수 없었음	I couldn't go out because of [사회적 거리두기].
집에서 혼자 즐겨야 했음	I had to [즐겁게 해주다] myself at home.
좋아하는 영화 여러 편을 몰아서 봄	I started a [영화 여러 편을 몰아보는 것] with some of my favorite films.

모범 답안

❶ spending time / by myself / recharge
❷ spend / catch up with / meal
❸ entire / including / pandemic / even
❹ social distancing / entertain / movie marathon

실전 문제를 듣고 빈칸을 채우거나 소리내 말해보고 아래 모범 답안을 확인해보세요.

🔊 MP3 2_9

Q5 휴가를 보내는 경향

You indicated in the survey that you like to stay at home for vacation. Who do you like to spend time with when you are at home for vacation? What do you like to do together? Why do you like spending time with them during your vacation?

설문조사에서 당신은 휴가동안 집에 있는 것을 좋아한다고 답했습니다. 집에서 휴가를 보낼 때, 누구와 함께 시간을 보내고 싶나요? 함께 무엇을 하고 싶나요? 휴가동안 그들과 함께 시간을 보내는 것이 왜 좋은가요?

모범답변

| 도입부

Well, if I'm being completely honest, I just like 시간을 보내는 것 by myself when I'm on vacation. So, I'm not sure how to answer your question. 사실은 , I work with a lot of people all the time. It gets pretty 진을 빼는 . I know that sounds bad. It's not that I don't like being around my co-workers, but I need time to relax 혼자서 . It's how I 재충전하다 . I hope I can still answer your question.

음, 정말 솔직하게 말하자면, 저는 그냥 휴가를 갔을 때 혼자 시간을 보내는 걸 좋아해요. 그래서, 어떻게 대답해야 할 지 잘 모르겠네요. 사실은, 저는 항상 많은 사람들과 함께 일해요. 그건 꽤 피곤한 일이에요. 안 좋게 들리는 거 알아요. 제 동료들과 같이 있기 싫은 게 아니지만, 혼자서 쉴 시간이 필요해요. 이게 제가 재충전하는 방법이거든요. 그래도 당신의 질문에 대답할 수 있으면 좋겠어요.

| 본문

Of course, the easiest answer would be my family. I don't get to see them often ~때문에 my busy work life, so it would be nice to spend some time with them during my vacation. I could ~와 근황을 나누다 everyone. It could be something simple like having a nice meal together at a restaurant. That would be enough.

물론, 가장 쉬운 대답은 가족이 될 것 같아요. 일이 바빠서 가족들을 자주 보지 못하기 때문에 휴가동안 함께 시간을 보낼 수 있으면 좋겠어요. 모두와 밀린 이야기도 할 수 있을 거예요. 함께 식당에서 맛있는 식사를 하는 것 같은 간단한 일을 할 수도 있고요. 그 정도면 충분할 거예요.

| 마무리

I hope that answers your question, Ava.

제 말이 충분한 답변이 됐으면 좋겠네요, 에바.

모범 답안

spending time / The thing is / exhausting / by myself / recharge / because of / catch up with

You indicated in the survey that you like to stay at home for vacation. Who do you like to spend time with when you are at home for vacation? What do you like to do together? Why do you like spending time with them during your vacation?

설문조사에서 당신은 휴가동안 집에 있는 것을 좋아한다고 답했습니다. 집에서 휴가를 보낼 때, 누구와 함께 시간을 보내고 싶나요? 함께 무엇을 하고 싶나요? 휴가동안 그들과 함께 시간을 보내는 것이 왜 좋은가요?

모범답변

MP3 2_10

| 도입부

혼자 시간 보내는 것을 좋아함
like spending time by myself

Well, if I'm being completely honest, I just like spending time by myself when I'm on vacation. So, I'm not sure how to answer your question. The thing is, I work with a lot of people all the time. It gets pretty exhausting. I know that sounds bad. It's not that I don't like being around my co-workers, but I need time to relax by myself. It's how I recharge. I hope I can still answer your question.

음, 정말 솔직하게 말하자면, 저는 그냥 휴가를 갔을 때 혼자 시간을 보내는 걸 좋아해요. 그래서, 어떻게 대답해야 할 지 잘 모르겠네요. 사실은, 저는 항상 많은 사람들과 함께 일해요. 그건 꽤 피곤한 일이에요. 안 좋게 들리는 거 알아요. 제 동료들과 같이 있기 싫은 게 아니지만, 혼자서 쉴 시간이 필요해요. 이게 제가 재충전하는 방법이거든요. 그래도 당신의 질문에 대답할 수 있으면 좋겠어요.

| 본문

• 가족과 함께
would be my family

• 자주 보지 못하기 때문에
don't get to see them often

• 모두와 밀린 이야기도 할 수 있음
catch up with everyone

Of course, the easiest answer would be my family. I don't get to see them often because of my busy work life, so it would be nice to spend some time with them during my vacation. I could catch up with everyone. It could be something simple like having a nice meal together at a restaurant. That would be enough.

물론, 가장 쉬운 대답은 가족이 될 것 같아요. 일이 바빠서 가족들을 자주 보지 못하기 때문에 휴가동안 함께 시간을 보낼 수 있으면 좋겠어요. 모두와 밀린 이야기도 할 수 있을 거에요. 함께 식당에서 맛있는 식사를 하는 것 같은 간단한 일을 할 수도 있고요. 그 정도면 충분할 거에요.

| 마무리

충분한 답변이길 바람
hope that answers your question

I hope that answers your question, Ava.

제 말이 충분한 답변이 됐으면 좋겠네요, 에바.

고득점 어휘/표현

어휘/표현

the thing is 사실은   exhausting 피로하게 하는, 소모적인   recharge 재충전하다   catch up with ~와 근황을 나누다, 오랜만에 만나 소식을 나누다

Q6 최근 휴가

What did you do during your last vacation at home? Did you have any special plans? When was your vacation? Did you spend it with anyone else? Tell me everything in detail.

가장 최근에 집에서 휴가를 보내는 동안 무엇을 했나요? 특별한 계획이 있었나요? 휴가는 언제였나요? 다른 사람과 함께 시간을 보냈나요? 모든 걸 자세히 말해주세요.

모범답변

| 도입부

OK, so you want to know about what I did during my last vacation at home. 생각해 볼게요 . I really didn't do anything special, but I'll tell you 가능한 많이 . It was during the summer.

좋아요, 제가 가장 최근에 집에서 휴가를 보낼 때 뭘 했는지 알고 싶은 거죠. 생각해 볼게요. 전혀 특별한 일을 하지 않았는데, 가능한 많이 말해볼게요. 여름에 있었던 일이에요.

| 본문

I had a lot of vacation time to use, so I took an 전체의 week off, ~를 포함해서 the weekends. So, it was nine days total. I usually go to Jeju or travel around the country, but because of the 유행병 , I couldn't really do anything. I couldn't even meet my friends. I was 실망한 at first, but I decided to make the best of it. I let myself relax, 죄책감 없는 . I slept in until noon every day, stocked up on beer, and 몰아서 봤다 all the TV shows 내가 놓친 because of work. I also stayed up late playing my favorite computer game every night. I didn't have to worry about anything.

사용할 수 있는 휴가가 많아서, 주말을 포함해서 한 주 전체를 휴가를 냈어요. 그래서 휴가가 다 합쳐서 9일이었어요. 보통 전 제주도에 가거나 국내 여행을 하는데, 유행병 때문에, 아무것도 할 수 없었어요. 심지어 친구들과 만날 수도 없었어요. 처음에는 실망했지만, 그래도 휴가를 최대한 활용해 보기로 했어요. 전 죄책감 없이, 편안하게 쉬었어요. 매일 점심까지 늦잠 자고, 맥주를 쌓아 두고, 지금까지 일 때문에 놓쳤던 모든 티비 쇼들을 몰아서 봤어요. 그리고 매일 밤 늦게까지 가장 좋아하는 컴퓨터 게임을 했어요. 어떤 것에 대해서든 걱정할 필요가 없었어요.

| 마무리

It turned out to be a great vacation, but honestly, I was ready to go back to work ~가 끝날 때쯤에 it.

결국 멋진 휴가가 됐어요, 그렇지만 사실, 휴가가 끝날 때쯤 전 직장으로 돌아갈 준비를 마쳤어요.

모범 답안

Let me think. / as much as possible / entire / including / pandemic /disappointed / guilt-free / binge-watched / that I've missed / by the end of

What did you do during your last vacation at home? Did you have any special plans? When was your vacation? Did you spend it with anyone else? Tell me everything in detail.

가장 최근에 집에서 휴가를 보내는 동안 무엇을 했나요? 특별한 계획이 있었나요? 휴가는 언제였나요? 다른 사람과 함께 시간을 보냈나요? 모든 걸 자세히 말해주세요.

모범답변   🔊 MP3 2_12

| 도입부

여름에 있던 일
during the summer

OK, so you want to know about what I did during my last vacation at home. Let me think. I really didn't do anything special, but I'll tell you as much as possible. It was during the summer.

좋아요, 제가 가장 최근에 집에서 휴가를 보낼 때 뭘 했는지 알고 싶은 거죠. 생각해 볼게요. 전혀 특별한 일을 하지 않았는데, 가능한 많이 말해볼게요. 여름에 있었던 일이에요.

| 본문

• 한 주 전체를 쉼
  took an entire week off

• 최대한 활용하기로 함
  decided to make the best of it

• 늦잠 자기, TV쇼 몰아 보기, 컴퓨터 게임하기
  slept in until noon, binge-watched all the TV shows, playing computer games

I had a lot of vacation time to use, so I took an entire week off, including the weekends. So, it was nine days total. I usually go to Jeju or travel around the country, but because of the pandemic, I couldn't really do anything. I couldn't even meet my friends. I was disappointed at first, but I decided to make the best of it. I let myself relax, guilt-free. I slept in until noon every day, stocked up on beer, and binge-watched all the TV shows that I've missed because of work. I also stayed up late playing my favorite computer game every night. I didn't have to worry about anything.

사용할 수 있는 휴가가 많아서, 주말을 포함해서 한 주 전체를 휴가를 냈어요. 그래서 휴가가 다 합쳐서 9일이었어요. 보통 전 제주도에 가거나 국내 여행을 하는데, 유행병 때문에, 아무것도 할 수 없었어요. 심지어 친구들과 만날 수도 없었어요. 처음에는 실망했지만, 그래도 휴가를 최대한 활용해 보기로 했어요. 전 죄책감 없이, 편안하게 쉬었어요. 매일 점심까지 늦잠 자고, 맥주를 쌓아 두고, 지금까지 일 때문에 놓쳤던 모든 티비 쇼들을 몰아서 봤어요. 그리고 매일 밤 늦게까지 가장 좋아하는 컴퓨터 게임을 했어요. 어떤 것에 대해서든 걱정할 필요가 없었어요.

| 마무리

멋진 휴가였음
turned out to be a great vacation

It turned out to be a great vacation, but honestly, I was ready to go back to work by the end of it.

결국 멋진 휴가가 됐어요, 그렇지만 사실, 휴가가 끝날 때쯤 전 직장으로 돌아갈 준비를 마쳤어요.

고득점 어휘/표현

어휘/표현

take (날짜) off ~동안 쉬다, 휴가를 내다   entire 전체의   make the best of it (사물을) 최대한 활용하다, (힘든 상황에도) 최선을 다하다
stock up on ~을 많이 사다, ~을 비축해두다   binge-watch 몰아보다, 정주행하다

Q7 기억에 남는 휴가 경험

Tell me about the most remarkable event that happened to you while spending a vacation at home. What happened? When did it happen? Were you with anyone else? What was your reaction? What made it so memorable? Tell me as much as you can.

집에서 휴가를 보내는 동안 있었던 가장 기억에 남는 일에 대해서 말해주세요. 무슨 일이 있었나요? 언제 그 일이 일어났나요? 그 때 다른 사람과 함께 있었나요? 당신은 어떻게 반응했나요? 그 일이 기억에 남는 이유는 무엇인가요? 할 수 있는 만큼 많이 말해주세요.

모범답변

| 도입부

That's a 까다로운 question, Ava. Vacations at home tend to be 평범한 . Oh, it was in the summertime, and like everyone else, I couldn't travel or go out because of 사회적 거리두기 .

대답하기 까다로운 질문이네요, 에바. 보통 집에서 보내는 휴가는 평범한 편이죠. 아, 이건 여름에 있었던 일이었고, 다른 사람들처럼, 전 사회적 거리두기 때문에 여행이나 외출을 할 수가 없었어요.

| 본문

I had to 즐겁게 하다 myself at home, so I started a 영화 여러 편을 몰아 보는 것 with some of my favorite films. I ordered 배달 음식 and planned a quiet evening by myself. I was about 중간쯤에 through the second film when the fire alarm in my building (경보기 등이) 울렸다 . I wasn't sure what the sound was, but then I heard other people going outside. I went out too, and my neighbors and I stood around in our pajamas wondering 무슨 일이 일어났는지 . Apparently, there was a small fire in another apartment! The fire department even came! Nobody was hurt, but my movie marathon was totally ruined.

집에서 혼자 놀아야 했는데, 그래서 좋아하는 영화 여러 편을 몰아 보기 시작했어요. 전 배달 음식을 주문했고 혼자 조용히 저녁을 보내려고 계획했어요. 두 번째 영화를 반쯤 봤을 때, 건물에 있는 화재경보기가 울리기 시작했어요. 전 그게 무슨 소리인지 잘 몰랐지만, 그때 다른 사람들이 밖으로 나가는 소리가 들렸어요. 저도 밖으로 나갔고, 이웃들과 잠옷 차림으로 서성이면서 무슨 일이 일어난 건지 궁금해했어요. 보니까, 다른 아파트 건물에 작은 불이 난 거였어요! 소방서까지 출동했더라고요! 다친 사람은 없었지만, 영화 몰아 보기는 완전 엉망이 됐어요.

| 마무리

We went back inside after about 30 minutes, but I went to bed ~대신에 of finishing the movie.

30분 후쯤 다시 안으로 들어왔지만, 영화를 마저 보지 않고 그냥 자러 갔어요.

모범 답안

tricky / unremarkable / social distancing / entertain / movie marathon / delivery food / halfway / went off / what happened / instead

Tell me about the most remarkable event that happened to you while spending a vacation at home. What happened? When did it happen? Were you with anyone else? What was your reaction? What made it so memorable? Tell me as much as you can.

집에서 휴가를 보내는 동안 있었던 가장 기억에 남는 일에 대해서 말해주세요. 무슨 일이 있었나요? 언제 그 일이 일어났나요? 그 때 다른 사람과 함께 있었나요? 당신은 어떻게 반응했나요? 그 일이 기억에 남는 이유는 무엇인가요? 할 수 있는 만큼 많이 말해주세요.

모범답변

(MP3 2_14)

| 도입부

사회적 거리두기 때문에 나갈 수가 없었음
couldn't go out because of social distancing

That's a tricky question, Ava. Vacations at home tend to be unremarkable. Oh, it was in the summertime, and like everyone else, I couldn't travel or go out because of social distancing.

대답하기 까다로운 질문이네요, 에바. 보통 집에서 보내는 휴가는 평범한 편이죠. 아, 이건 여름에 있었던 일이었고, 다른 사람들처럼, 전 사회적 거리두기 때문에 여행이나 외출을 할 수가 없었어요.

| 본문

• 영화 여러 편 몰아 보기 시작함
started a movie marathon

• 화재 경보기가 울림
the fire alarm went off

• 다른 건물에 불이 났음
a small fire in another apartment

I had to entertain myself at home, so I started a movie marathon with some of my favorite films. I ordered delivery food and planned a quiet evening by myself. I was about halfway through the second film when the fire alarm in my building went off. I wasn't sure what the sound was, but then I heard other people going outside. I went out too, and my neighbors and I stood around in our pajamas wondering what happened. Apparently, there was a small fire in another apartment! The fire department even came! Nobody was hurt, but my movie marathon was totally ruined.

집에서 혼자 놀아야 했는데, 그래서 좋아하는 영화 여러 편을 몰아 보기 시작했어요. 전 배달 음식을 주문했고 혼자 조용히 저녁을 보내려고 계획했어요. 두 번째 영화를 반쯤 봤을 때, 건물에 있는 화재경보기가 울리기 시작했어요. 전 그게 무슨 소리인지 잘 몰랐지만, 그때 다른 사람들이 밖으로 나가는 소리가 들렸어요. 저도 밖으로 나갔고, 이웃들과 잠옷 차림으로 서성이면서 무슨 일이 일어난 건지 궁금해했어요. 보니까, 다른 아파트 건물에 작은 불이 난 거였어요! 소방서까지 출동했더라고요! 다친 사람은 없었지만, 영화 몰아 보기는 완전 엉망이 됐어요.

| 마무리

영화를 마저 보지 않고 자러 감
went to bed instead of finishing the movie

We went back inside after about 30 minutes, but I went to bed instead of finishing the movie.

30분 후쯤 다시 안으로 들어왔지만, 영화를 마저 보지 않고 그냥 자러 갔어요.

고득점 어휘/표현

어휘/표현

tricky 하기 힘든, 까다로운   unremarkable 특별할 것 없는, 평범한   movie marathon 영화 여러 편을 계속 이어서 보는 일   go off (경보기 등이) 울리다   stand around 우두커니 서 있다   apparently 보아하니, 명백히

• 휴가를 보내는 경향

• 최근 휴가

• 기억에 남는 휴가 경험

기출 포인트 파악하기

가장 많이 나오는 3 COMBO 세트

❶ 우리나라의 날씨

Tell me about the weather in your country. How is the weather in each season? Which season do you like the most? Please describe it in as much detail as possible.

당신 나라의 날씨에 대해 말해주세요. 각 계절의 날씨는 어떤가요? 당신은 어떤 계절을 가장 좋아하나요? 가능한 자세히 묘사해주세요.

❷ 과거와 현재의 날씨 변화

How was the weather in your country when you were a child? How has it changed over the years? Give me all the details about the change.

당신이 어렸을 때, 당신 나라의 날씨는 어땠나요? 지난 몇 년간 어떻게 변했나요? 변화에 대해 자세히 말해주세요.

❸ 극한 날씨 관련 경험

Tell me about a memorable experience that you had involving severe weather. What was the problem? How did you solve that problem? What made it so memorable?

극한 날씨와 관련해 기억에 남는 경험에 대해 말해주세요. 무엇이 문제였나요? 어떻게 그 문제를 해결했나요? 무엇이 그 일을 기억에 남게 했나요?

오픽 꿀팁 추가 빈출 문제

오늘 날씨
How is the weather today in your country? Please describe today's weather in detail.
당신 나라의 오늘 날씨는 어떤가요? 오늘의 날씨에 대해 자세하게 말해주세요.

제시된 오늘의 어휘와 패턴을 익히고 답변에 사용하고자 하는 어휘나 패턴에 체크해보세요.

어휘

☐	온난한	temperate
☐	기후	climate
☐	계절	seasons
☐	습한	humid
☐	후덥지근한	muggy
☐	기후 변화	climate change
☐	지구 온난화	global warming
☐	기록을 경신하는, 기록적인	record-breaking
☐	폭염	heatwave
☐	태풍	typhoons
☐	강우(량)	rainfall
☐	홍수	flood

패턴

• get 비교급   점점 ~해지다

Fall and spring have been getting shorter.
가을과 봄은 점점 짧아지고 있습니다.

It is _____ warmer.
날씨가 점점 따뜻해지고 있습니다.

• have a close call   아슬아슬하게 살아나다, 구사일생하다, 큰일이 날뻔하다

Personally, I had a close call last summer.
개인적으로, 작년 여름에 큰일 날 뻔했던 적이 있었습니다.

Mike _____ while driving today.
마이크는 오늘 운전 중에 사고가/큰일이 날 뻔 했습니다.

• used to   ~하곤 했다

Honestly, summer has become so hot that I don't remember how it used to feel.
솔직히, 여름이 너무 더워져서 예전에는 어땠는지 기억 나지 않습니다.

It _____ be freezing cold outside.
바깥은 무척 춥곤 했어요. .

나만의 문장 만들기

주어진 우리말을 보고 빈칸을 채우고 아래 모범 답안을 확인해보세요.

❶ 우리나라의 날씨 – 사계절

온화한 기후임	Korea has a 　온난한　 climate.
사계절을 가지고 있음	So, there are four different 　계절　.
각 계절마다 3개월 정도 지속됨	Each one is about three months 　(기간이) 긴　.

❷ 우리나라의 날씨 – 여름

한국의 여름은 조금 다름	I 　~라 말할 수 있다　 summer is a bit different in Korea.
습하고 후덥지근함	It gets extremely 　습한　 and 　후덥지근한　.
불쾌하게 느껴질 수 있음	It can be very 　불쾌한　.

❸ 과거와 현재의 날씨 변화

지구 온난화로 인해 매년 더워지고 있음	Korea has been 　더워지고 있다　 every year because of 　온난화　.
지난 여름, 기록적인 폭염이 있었음	In fact, we just had a 　기록적인, 기록을 갱신하는 폭염　 in Seoul this past summer.
앞으로 얼마나 더 더워질 지 모르겠음	I don't even know 　얼마나　 hotter it can get.

❹ 극한 날씨 관련 경험

작년 여름에 큰일이 날 뻔함	개인적으로　, I 　큰일 날 뻔했다　 last summer.
운전 중 폭우가 내림	It happened when I got caught in 　폭우　 while driving.
폭우 때문에 도로가 완전히 물에 잠김	The road I was on was soon completely 　침수된　 because so much rain fell so quickly.

모범 답안

❶ temperate / seasons / long
❷ would say / humid / muggy / uncomfortable
❸ getting hotter / global warming / record-breaking heatwave / how much
❹ Personally / had a close call / heavy rainfall / underwater

실전 문제를 듣고 빈칸을 채우거나 소리내 말해보고 아래 모범 답안을 확인해보세요.

🔊 MP3 2_15

Q8 우리나라의 날씨

Tell me about the weather in your country. How is the weather in each season? Which season do you like the most? Please describe it in as much detail as possible.

당신 나라의 날씨에 대해 말해주세요. 각 계절의 날씨는 어떤가요? 당신은 어떤 계절을 가장 좋아하나요? 가능한 자세히 묘사해 주세요.

모범답변

| 도입부

Korea has a 온난한 기후 , so there are four different 계절 . Each one is about three months long.

한국은 온난한 기후를 가지고 있어서, 사계절이 있어요. 각 계절이 3개월 정도 지속돼요.

| 본문

The weather each season is about what you'd expect. I would say summer is a bit different in Korea. It gets extremely 습한 and 후덥지근한 , and it can be very 불쾌한 . There's a rainy season from July to August, too. 마찬가지로 , winter is difficult because it's 추운 and 우중충한 , and overall, pretty 울적하게 만드는 . On the other hand, fall and spring are truly fantastic. The weather is beautiful with perfect 기온 . But, because of 기후 변화 , they've been getting shorter and shorter.

각 계절의 날씨는 대략 당신이 예상한 대로예요. 한국에서의 여름은 조금 다르다고 할 수 있겠네요. 날씨가 심하게 습하고 후덥지근하고, 정말 불쾌할 수 있어요. 7월부터 8월까지 장마도 있어요. 마찬가지로, 겨울은 춥고 우중충하고, 전반적으로, 꽤 울적하게 만들기 때문에 생활하기 힘들어요. 반대로, 가을과 봄은 정말 환상적이에요. 기온도 딱 적당하고 날이 참 좋아요. 하지만, 기후 변화 때문에 점점 더 짧아지고 있어요.

| 마무리

I can easily say that fall is my 가장 좋아하는 계절 in Korea.

저는 한국의 계절 중 가을을 가장 좋아한다고 말할 수 있을 것 같아요.

모범 답안

temperate climate / seasons / humid / muggy / uncomfortable / Likewise / cold / grey / depressing / temperatures / climate changes / favorite season

Tell me about the weather in your country. How is the weather in each season? Which season do you like the most? Please describe it in as much detail as possible.

당신 나라의 날씨에 대해 말해주세요. 각 계절의 날씨는 어떤가요? 당신은 어떤 계절을 가장 좋아하나요? 가능한 자세히 묘사해 주세요.

모범답변　　　　　　　　　　　　　　　　　　　　　　　　　　　🔊 MP3 2_16

| 도입부

온난한 기후로 사계절이 있음
a temperate climate,
four different seasons

Korea has a temperate climate, so there are four different seasons. Each one is about three months long.

한국은 온난한 기후를 가지고 있어서, 사계절이 있어요. 각 계절이 3개월 정도 지속돼요.

| 본문

- 여름: 습하고 후덥지근함
  summer: extremely humid and muggy

- 겨울: 춥고 우중충함
  winter: cold and grey

- 가을, 봄: 환상적임
  fall, spring: truly fantastic

The weather each season is about what you'd expect. I would say summer is a bit different in Korea. It gets extremely humid and muggy, and it can be very uncomfortable. There's a rainy season from July to August, too. Likewise, winter is difficult because it's cold and grey, and overall, pretty depressing. On the other hand, fall and spring are truly fantastic. The weather is beautiful with perfect temperatures. But, because of climate change, they've been getting shorter and shorter.

각 계절의 날씨는 대략 당신이 예상한 대로예요. 한국에서의 여름은 조금 다르다고 할 수 있겠네요. 날씨가 심하게 습하고 후덥지근하고, 정말 불쾌할 수 있어요. 7월부터 8월까지 장마도 있어요. 마찬가지로, 겨울은 춥고 우중충하고, 전반적으로, 꽤 울적하게 만들기 때문에 생활하기 힘들어요. 반대로, 가을과 봄은 정말 환상적이에요. 기온도 딱 적당하고 날이 참 좋아요. 하지만, 기후 변화 때문에 점점 더 짧아지고 있어요.

| 마무리

가을을 가장 좋아함
fall is my favorite season

I can easily say that fall is my favorite season in Korea.

저는 한국의 계절 중 가을을 가장 좋아한다고 말할 수 있을 것 같아요.

고득점 어휘/표현

어휘/표현

temperate climate 온난한 기후　　extremely 극도로, 극히　　humid 습한　　muggy 후덥지근한　　uncomfortable 불쾌한　　likewise 마찬가지로　　depressing 울적하게 만드는, 우울한　　fantastic 기막히게 좋은　　grey 우중충한　　climate change 기후 변화

Q9 과거와 현재의 날씨 변화

How was the weather in your country when you were a child? How has it changed over the years? Give me all the details about the change.

당신이 어렸을 때, 당신 나라의 날씨는 어땠나요? 지난 몇 년간 어떻게 변했나요? 변화에 대해 자세히 말해주세요.

모범답변

| 도입부

Well, just like everywhere else on Earth, Korea has been getting hotter every year because of [지구 온난화].

음, 지구 상의 다른 지역처럼, 지구 온난화 때문에 한국의 기온도 매년 더 올라가고 있어요.

| 본문

Honestly, summer has become so hot that I don't remember how it [~하곤 했다] feel. In fact, we just had a [기록적인 폭염] in Seoul this past summer. I don't even know how much hotter it can get. But, anyway, when I was young, I remember that there was always snow during winter. I walked through deep snow to get to school, and we would have [눈싸움] all the time. [요즘에는], it hardly snows at all. To me, that's an obvious way that the weather has changed.

솔직히, 여름이 너무 더워져서 예전에는 어땠는지 기억이 안 나요. 사실, 작년 여름에 서울은 기록적인 폭염이 있었어요. 앞으로 얼마나 더 더워질지 모르겠어요. 하지만, 어쨌든, 제가 어렸을 때는, 겨울에 항상 눈이 왔던 걸로 기억해요. 등교하기 위해서 높게 쌓인 눈을 헤치고 걸어갔고, 항상 눈싸움을 하곤 했어요. 요즘은, 눈이 거의 오지 않아요. 제게는, 그게 날씨가 변했다는 걸 확실히 보여주는 점이에요.

| 마무리

I don't know what will happen if it keeps getting hotter. I'm pretty [걱정되는].

앞으로 날씨가 계속 더워지면 무슨 일이 일어날지 모르겠어요. 정말 걱정돼요.

모범 답안

global warming / used to / record-breaking heatwave / snowball fight / Nowadays / worried

Q9 **과거와 현재의 날씨 변화**

How was the weather in your country when you were a child? How has it changed over the years?
Give me all the details about the change.

당신이 어렸을 때, 당신 나라의 날씨는 어땠나요? 지난 몇 년간 어떻게 변했나요? 변화에 대해 자세히 말해주세요.

모범답변

| 도입부

지구 온난화로 기온이
올라가고 있음
getting hotter because of global
warming

> Well, just like everywhere else on Earth, Korea has been getting
> hotter every year because of global warming.
>
> 음, 지구 상의 다른 지역처럼, 지구 온난화 때문에 한국의 기온도 매년 더 올라가고 있어요.

| 본문

• 너무 더워진 여름,
작년에 기록적인 폭염
has become so hot,
a record-breaking heatwave
this past summer

• 눈이 거의 오지 않음
hardly snows

> Honestly, summer has become so hot that I don't remember how
> it used to feel. In fact, we just had a record-breaking heatwave
> in Seoul this past summer. I don't even know how much hotter it
> can get. But, anyways, when I was young, I remember that there
> was always snow during winter. I walked through deep snow to
> get to school, and we would have snowball fights all the time.
> Nowadays, it hardly snows at all. To me, that's an obvious way
> that the weather has changed.
>
> 솔직히, 여름이 너무 더워져서 예전에는 어땠는지 기억이 안나요. 사실, 작년 여름에 서울은
> 기록적인 폭염이 있었어요. 앞으로 얼마나 더 더워질지 모르겠어요. 하지만, 어쨌든, 제가 어
> 렸을 때는, 겨울에 항상 눈이 왔던 걸로 기억해요. 등교하기 위해서 높게 쌓인 눈을 헤치고 걸
> 어갔고, 항상 눈싸움을 하곤 했어요. 요즘은, 눈이 거의 오지 않아요. 제게는, 그게 날씨가 변
> 했다는 걸 확실히 보여주는 점이에요.

| 마무리

계속 더워지면 무슨 일이 일어날지
모르겠음
don't know what will happen if it
keeps getting hotter

> I don't know what will happen if it keeps getting hotter. I'm pretty
> worried.
>
> 앞으로 날씨가 계속 더워지면 무슨 일이 일어날지 모르겠어요. 정말 걱정돼요.

고득점 어휘/표현

어휘/표현

global warming 지구 온난화   record-breaking 기록적인, 기록을 경신하는   heatwave 폭염, 혹서   snowball fights 눈싸움
hardly 거의 ~없다

Q10 극한 날씨 관련 경험

Tell me about a memorable experience that you had involving severe weather. What was the problem? How did you solve that problem? What made it so memorable?

극한 날씨와 관련해 기억에 남는 경험에 대해 말해주세요. 무엇이 문제였나요? 어떻게 그 문제를 해결했나요? 무엇이 그 일을 기억에 남게 했나요?

모범답변

| 도입부

My country sometimes gets [태풍], but there haven't been any serious ones recently. We have had record-breaking rainfall the past few summers, though. It's caused a lot of [침수] and [피해].

우리나라는 가끔 태풍이 발생하지만, 위험할 정도의 태풍은 최근에는 없었어요. 하지만, 지난 몇 년간 여름에 기록적인 폭우가 있었어요. 폭우가 많은 침수와 피해를 발생시켰어요.

| 본문

Personally, I [큰 일이 날 뻔했다] last summer when I got caught in heavy rainfall while driving. Because so much rain fell so quickly, [순간적인] flooding occurred, and the road I was on was soon completely [침수된]. [무의식적으로], I kept driving until the water almost reached my headlights. Then I realized it was a bad idea to drive any further, so I [후진했다] and tried to get out of the flood. That's when I noticed other cars ahead of me were completely [~에 갇힌] the water. It could've easily been me!

개인적으로, 작년 여름에 운전하는 동안 폭우를 만나서 큰일날 뻔한 적이 있어요. 엄청 많은 양의 비가 너무 짧은 시간에 와서, 순간적으로 홍수가 일어났고, 제가 가고 있던 길이 금세 물에 완전히 잠겼어요. 무의식적으로 전 물이 거의 전조등까지 찰 때까지 계속해서 달렸어요. 그때 전 더 이상 앞으로 가는 게 안 좋은 생각이라는 걸 깨달아서, 후진을 하고 홍수에서 빠져나오려고 했어요. 바로 그 때 제 앞에 있던 차들이 완전히 물에 빠져서 꼼짝도 못하는 걸 봤어요. 어쩌면 제가 그렇게 됐을 수도 있었던 거예요!

| 마무리

Luckily, I found another [길, 경로] and got home safely. I definitely learned an important lesson that day.

운이 좋게도, 저는 다른 길을 발견했고 집에 무사히 돌아올 수 있었어요. 그 날 정말로 중요한 교훈을 얻었어요.

모범 답안

typhoons / flooding / damage / had a close call / flash / underwater / Without thinking / reversed / stuck in / route

Q10 극한 날씨 관련 경험

Tell me about a memorable experience that you had involving severe weather. What was the problem? How did you solve that problem? What made it so memorable?

극한 날씨와 관련해 기억에 남는 경험에 대해 말해주세요. 무엇이 문제였나요? 어떻게 그 문제를 해결했나요? 무엇이 그 일을 기억에 남게 했나요?

모범답변 🔊MP3 2_20

ㅣ도입부

지난 몇 년간 기록적인 폭우가 있었음
record-breaking rainfall the past few summers

> My country sometimes gets typhoons, but there haven't been any serious ones recently. We have had record-breaking rainfall the past few summers, though. It's caused a lot of flooding and damage.
>
> 우리나라는 가끔 태풍이 발생하지만, 위험할 정도의 태풍은 최근에는 없었어요. 하지만, 지난 몇 년간 여름에 기록적인 폭우가 있었어요. 폭우가 많은 침수와 피해를 발생시켰어요.

ㅣ본문

• 운전 중 폭우를 겪음
  got caught in heavy rainfall while driving

• 물에 잠김
  completely underwater

• 후진해서 빠져 나오려 함
  reversed and tried to get out of the flood

> Personally, I had a close call last summer when I got caught in heavy rainfall while driving. Because so much rain fell so quickly, flash flooding occurred, and the road I was on was soon completely underwater. Without thinking, I kept driving until the water almost reached my headlights. Then I realized it was a bad idea to drive any further, so I reversed and tried to get out of the flood. That's when I noticed other cars ahead of me were completely stuck in the water. It could've easily been me!
>
> 개인적으로, 작년 여름에 운전하는 동안 폭우를 만나서 큰일날 뻔한 적이 있어요. 엄청 많은 양의 비가 너무 짧은 시간에 와서, 순간적으로 홍수가 일어났고, 제가 가고 있던 길이 금세 물에 완전히 잠겼어요. 무의식적으로 전 물이 거의 전조등까지 찰 때까지 계속해서 달렸어요. 그때 전 더 이상 앞으로 가는 게 안 좋은 생각이라는 걸 깨달아서, 후진을 하고 홍수에서 빠져나오려고 했어요. 바로 그 때 제 앞에 있던 차들이 완전히 물에 빠져서 꼼짝도 못하는 걸 봤어요. 어쩌면 제가 그렇게 됐을 수도 있었던 거예요!

ㅣ마무리

집에 무사히 돌아옴
got home safely

> Luckily, I found another route and got home safely. I definitely learned an important lesson that day.
>
> 운이 좋게도, 저는 다른 길을 발견했고 집에 무사히 돌아올 수 있었어요. 그 날 정말로 중요한 교훈을 얻었어요.

고득점 어휘/표현

어휘/표현

severe 극심한, 심각한   typhoons 태풍   flooding 침수   have a close call 큰 일이 날 뻔하다   flash 돌발적인, 순간적인   underwater 물속의, 수중의   without thinking 무의식적으로, 무심코   reverse 후진하다, 후진 기어를 넣다   stuck in ~에 빠져서 꼼짝 못하는, 움직일 수 없는

• 우리나라의 날씨

| 도입부 | 본문 | 마무리 |

• 과거와 현재의 날씨 변화

| 도입부 | 본문 | 마무리 |

• 극한 날씨 관련 경험

| 도입부 | 본문 | 마무리 |

STEP 1 기출 포인트 파악하기

가장 많이 나오는 3 COMBO 세트

❶ 새로 생긴 헬스장에 전화해 질문

I'd like to give you a situation to act out. A new gym has recently opened in your neighborhood, and you are interested in becoming a member. Call the gym and ask three to four questions about it.

당신에게 주어진 상황에 맞춰 역할극을 해주세요. 최근 동네에 새로운 헬스장이 생겼고, 당신은 그곳에 회원이 되는 것에 관심이 있습니다. 헬스장에 전화해서 그곳에 대해 서너 가지 질문을 해주세요.

❷ 친구와의 약속 취소 상황 문제 해결

There is a problem I need you to resolve. You were planning to exercise at the gym with your friend, but something came up at the last minute. Call your friend, explain the situation, and provide two to three alternatives.

당신이 해결해야 할 문제가 있습니다. 당신은 친구와 함께 헬스장에서 운동하려고 계획했지만, 마지막 순간에 다른 일이 생겼습니다. 친구에게 전화해서 상황을 설명하고, 두세 가지 대안을 제시해주세요.

❸ 약속 취소 경험

That's the end of the situation. Have you ever had to cancel on a friend at the last minute? Why did you have to cancel? How did your friend react? When did this happen? Tell me every detail that you remember.

상황극이 종료되었습니다. 마지막 순간에 친구와의 약속을 취소해야 했던 경험이 있나요? 왜 취소해야 했나요? 당신의 친구는 어떻게 반응했나요? 그 일은 언제 일어났나요? 기억하는 모든 것들을 자세히 말해주세요.

제시된 오늘의 어휘와 패턴을 익히고 답변에 사용하고자 하는 어휘나 패턴에 체크해보세요.

어휘

☐	전단지	flyer
☐	~을 찾다	look for
☐	월 이용료	monthly rate
☐	연간 회원권	annual membership
☐	특별 할인, 특가 상품	special deals
☐	마지막 순간에, 임박해서	at the last minute
☐	예상치 못한	unexpected
☐	~가 발생하다, 일어나다	come up
☐	대안	alternatives
☐	선택지	option
☐	~을 (바꾸지 않고) 지키다	stick to
☐	사회적 거리두기	social distancing
☐	발생	outbreaks
☐	일일 확진자 수	daily infections

패턴

• My first question is,   제 첫번째 질문은,

My first question is, what time do you open in the morning?
첫번째 질문은, 오전 몇 시에 문을 여나요?

_____, how much does it cost when I pay in cash?
첫번재 질문은, 현금으로 지불한다면 얼마입니까?

• no matter what   어쨌든, 비록 ~한다 하더라도

This kind of thing will happen, no matter what.
그럼에도 이러한 일들은 어쨌든 일어날 겁니다.

_____ the time is, please feel free to call me.
시간에 상관없이, 저에게 편하게 전화해주세요.

• Please let me know if   ~인지 알려주세요

Please let me know if you have any special deals.
특별 할인 같은 것이 있다면 알려주세요.

_____ you could attend the seminar.
세미나에 참석할 수 있는지 알려주세요.

나만의 문장 만들기

주어진 우리말을 보고 빈칸을 채우고 아래 모범 답안을 확인해보세요.

❶ 새로 생긴 헬스장에 전화해 질문

첫째로, 오전 몇 시에 여는지	My first question is, 몇 시에 do you open in the morning?
둘째로, 월 이용료가 얼마인지	Second, what is your gym's 월 이용료 ?
마지막으로, 개인 강습도 진행하는지	Finally, do you also offer 개인 강습 ?

❷ 친구와의 약속 취소 상황 문제 해결 – 상황 설명

곧 헬스장에서 만나기로 했음	I know we ~하기로 하다 meet at the gym soon.
하지만 약속을 못 지킬 것 같음	But I won't be able to 약속을 지키다 .
급한 일이 생김	Because something 예상치 못한 발생했다 .

❸ 친구와의 약속 취소 상황 문제 해결 – 해결책 제안

시간에 임박해서 취소해서 미안함	I feel terrible about canceling 시간에 임박해서 .
다음에 같이 가는 건 어떤지	The first 선택지 is, we can just go later.
너 혼자 가는 것은 어떤지	Another option is for you to go 너 혼자 .

❹ 약속 취소 경험

만나서 저녁을 먹기로 해서 신이 남	We were excited to finally 약속을 잡다 to meet for dinner and some drinks.
약속 일주일 전, 신규 확산세가 발생함	Then, the week before we planned to meet, several new 확산 occurred.
친구들은 걱정말라 했지만, 위험을 감수하고 싶지 않았음	My friends told me not to worry, but I didn't want to 위험을 감수하다 .

모범 답안

❶ what time / monthly rate / personal training
❷ are supposed to / make it / unexpected / came up
❸ at the last minute / option / by yourself
❹ make plans / outbreaks / take the risk

실전 문제를 듣고 빈칸을 채우거나 소리내 말해보고 아래 모범 답안을 확인해보세요.

🔊 MP3 2_21

Q11 새로 생긴 헬스장에 전화해 질문

I'd like to give you a situation to act out. A new gym has recently opened in your neighborhood, and you are interested in becoming a member. Call the gym and ask three to four questions about it.

당신에게 주어진 상황에 맞춰 역할극을 해주세요. 최근 동네에 새로운 헬스장이 생겼고, 당신은 그곳에 회원이 되는 것에 관심이 있습니다. 헬스장에 전화해서 그곳에 대해 서너 가지 질문을 해주세요.

모범답변

| 도입부

Hi, my name is Seungwon, and I just saw a [전단지] about your gym. You recently opened in this [동네] , right? What great timing! I've been [찾다] a new gym to join. But, can I [몇 가지 질문을 하다] ? You'd really help me a lot.

안녕하세요, 저는 승원이고, 방금 헬스장 전단지를 봤어요. 우리 동네에 최근에 오픈하신 게 맞죠? 마침 잘 됐네요! 요즘 새로 등록할 헬스장을 찾고 있었거든요. 하지만, 몇 가지 질문을 해도 될까요? 제게 많은 도움이 될 것 같아요.

| 본문

[첫 번째 질문은] , what time do you open in the morning? I prefer exercising early before I go to work, so the earlier you open, the better. It's important to me that you open at the same time every morning, too. Second, what is your gym's [월 이용료] ? Is it cheaper if I pay for an [연간 회원] ? Please let me know if you have any [특별 할인] . Finally, do you also offer [개인 강습] ? I'd like to [향상시키다] my lifting technique, so I want to work with a trainer for a session or two.

첫째로, 아침 몇 시에 영업을 시작하시나요? 개인적으로, 출근하기 전에 일찍 운동하는 것을 선호해서, 문을 일찍 열수록 저에게는 좋아요. 매일 같은 시간에 문을 여는지도 제게 정말 중요한 문제예요. 둘째로, 월 이용료가 어떻게 되나요? 연간회원으로 가입하면 더 저렴한가요? 특별 할인 같은 것이 있다면 알려주세요. 마지막으로, 개인 강습도 있나요? 리프팅 기술을 개선하고 싶어서, 한두 번 정도 트레이너와 함께 운동하면 좋겠어요.

| 마무리

Thanks for your help! I'll visit your gym soon.

도움 줘서 고마워요. 곧 헬스장에 갈게요.

모범 답안

flyer / neighborhood / looking for / ask a few questions / My first question is / monthly rate / annual membership / special deals / personal training / improve

I'd like to give you a situation to act out. A new gym has recently opened in your neighborhood, and you are interested in becoming a member. Call the gym and ask three to four questions about it.

당신에게 주어진 상황에 맞춰 역할극을 해주세요. 최근 동네에 새로운 헬스장이 생겼고, 당신은 그곳에 회원이 되는 것에 관심이 있습니다. 헬스장에 전화해서 그곳에 대해 서너 가지 질문을 해주세요.

모범답변 🔊 MP3 2_22

| 도입부

몇 가지 질문이 있음
ask a few questions

Hi, my name is Seungwon, and I just saw a flyer about your gym. You recently opened in this neighborhood, right? What great timing! I've been looking for a new gym to join. But, can I ask a few questions? You'd really help me a lot.

안녕하세요, 저는 승원이고, 방금 헬스장 전단지를 봤어요. 우리 동네에 최근에 오픈하신 게 맞죠? 마침 잘 됐네요! 요즘 새로 등록할 헬스장을 찾고 있었거든요. 하지만, 몇 가지 질문을 해도 될까요? 제게 많은 도움이 될 것 같아요.

| 본문

• 몇 시에 여는지
  what time you open

• 월 이용료가 얼마인지
  monthly rate

• 개인 강습을 제공하는지
  offer personal training

My first question is, what time do you open in the morning? I prefer exercising early before I go to work, so the earlier you open, the better. It's important to me that you open at the same time every morning, too. Second, what is your gym's monthly rate? Is it cheaper if I pay for an annual membership? Please let me know if you have any special deals. Finally, do you also offer personal training? I'd like to improve my lifting technique, so I want to work with a trainer for a session or two.

첫째로, 아침 몇 시에 영업을 시작하시나요? 개인적으로, 출근하기 전에 일찍 운동하는 것을 선호해서, 문을 일찍 열수록 저에게는 좋아요. 매일 같은 시간에 문을 여는지도 제게 정말 중요한 문제예요. 둘째로, 월 이용료가 어떻게 되나요? 연간회원으로 가입하면 더 저렴한가요? 특별 할인 같은 것이 있다면 알려주세요. 마지막으로, 개인 강습도 있나요? 리프팅 기술을 개선하고 싶어서, 한두 번 정도 트레이너와 함께 운동하면 좋겠어요.

| 마무리

도움 줘서 고마움
thanks for your help

Thanks for your help! I'll visit your gym soon.
도움 줘서 고마워요. 곧 헬스장에 갈게요.

고득점 어휘/표현

어휘/표현

flyer 전단지   recently 최근에   join 가입하다   prefer 선호하다   monthly rate 월 이용료   annual membership 연간 회원권   special deals 특별 할인

Q12 친구와의 약속 취소 상황 문제 해결

There is a problem I need you to resolve. You were planning to exercise at the gym with your friend, but something came up at the last minute. Call your friend, explain the situation, and provide two to three alternatives.

당신이 해결해야 할 문제가 있습니다. 당신은 친구와 함께 헬스장에서 운동하려고 계획했지만, 마지막 순간에 다른 일이 생겼습니다. 친구에게 전화해서 상황을 설명하고, 두세 가지 대안을 제시해주세요.

모범답변

| 도입부

Hi, I know we're supposed to meet at the gym soon, but I won't be able to 약속을 지키다 . I'm really sorry, but something 예상치 못한 came up.

안녕, 우리 조금 이따 헬스장에서 만나기로 했는데, 내가 못 갈 것 같아. 정말 미안한데, 갑자기 예상하지 못한 일이 생겼어.

| 본문

I feel terrible about canceling 시간에 임박해서 . Maybe I can suggest some 대안들 ? The first 선택지 is, we can just go later. I should be finished around 3 P.M., so I could meet you at the gym after that. If that doesn't work, let's see… Oh, another option is for you to go by yourself. But, I know you need a 보조해주는 사람 for lifting. You could ask my trainer, Terry. He knows me, so I think he'd be happy to help. Just tell him we're friends. He's a nice guy, and he knows a lot about fitness, too.

약속 시간 직전에 이렇게 취소해서 너무 미안해. 내가 대안 몇 개를 제시해도 될까? 첫번째는, 그냥 나중에 같이 가는 거야. 아마 오후 3시쯤 일이 끝날 거라서, 그 이후에 헬스장에서 너랑 만날 수 있을 거야. 그게 안되면, 어디 보자... 아, 너 혼자 가는 것도 방법일 수 있어. 근데 역기를 들 때 보조할 사람이 필요하잖아. 내 트레이너 테리에게 도움을 요청할 수도 있어. 나랑 아는 사이니까, 기꺼이 도와줄 거야. 그냥 너가 내 친구라고 말해줘. 그는 좋은 사람이고, 운동에 대해서 아는 것도 많아.

| 마무리

Let me know what you want to do. It's your choice. Sorry again for the 촉박한 통보 .

어떻게 하고 싶은 지 말해줘. 너의 선택에 따를게. 다시 한번 이렇게 갑자기 얘기해서 미안해.

모범 답안

make it / unexpected / at the last minute /alternatives / option / spotter /short notice

There is a problem I need you to resolve. You were planning to exercise at the gym with your friend, but something came up at the last minute. Call your friend, explain the situation, and provide two to three alternatives.

당신이 해결해야 할 문제가 있습니다. 당신은 친구와 함께 헬스장에서 운동하려고 계획했지만, 마지막 순간에 다른 일이 생겼습니다. 친구에게 전화해서 상황을 설명하고, 두세 가지 대안을 제시해주세요.

모범답변

🔊 MP3 2_24

| 도입부

갑자기 일이 생김
something unexpected came up

Hi, I know we're supposed to meet at the gym soon, but I won't be able to make it. I'm really sorry, but something unexpected came up.

안녕, 우리 조금 이따 헬스장에서 만나기로 했는데, 내가 못 갈 것 같아. 정말 미안한데, 갑자기 예상하지 못한 일이 생겼어.

| 본문

• 나중에 같이 가는 것
  go later

• 너 혼자 가는 것
  go by yourself

• 내 트레이너에게 도움을 구하는 것
  ask my trainer

I feel terrible about canceling at the last minute. Maybe I can suggest some alternatives? The first option is, we can just go later. I should be finished around 3 P.M., so I could meet you at the gym after that. If that doesn't work, let's see… Oh, another option is for you to go by yourself. But, I know you need a spotter for lifting. You could ask my trainer, Terry. He knows me, so I think he'd be happy to help. Just tell him we're friends. He's a nice guy, and he knows a lot about fitness, too.

약속 시간 직전에 이렇게 취소해서 너무 미안해. 내가 대안 몇 개를 제시해도 될까? 첫번째는, 그냥 나중에 같이 가는 거야. 아마 오후 3시쯤 일이 끝날 거라서, 그 이후에 헬스장에서 너랑 만날 수 있을 거야. 그게 안되면, 어디 보자… 아, 너 혼자 가는 것도 방법일 수 있어. 근데 역기를 들 때 보조할 사람이 필요하잖아. 내 트레이너 테리에게 도움을 요청할 수도 있어. 나랑 아는 사이니까, 기꺼이 도와줄 거야. 그냥 너가 내 친구라고 말해줘. 그는 좋은 사람이고, 운동에 대해서 아는 것도 많아.

| 마무리

어떻게 하고 싶은지 말해줘
let me know what you want

Let me know what you want to do. It's your choice. Sorry again for the short notice.

어떻게 하고 싶은 지 말해줘. 너의 선택에 따르게. 다시 한번 이렇게 갑자기 얘기해서 미안해.

고득점 어휘/표현

어휘/표현

unexpected 예상치 못한   come up ~가 발생하다, 일어나다   alternatives 대안   option 선택지   spotter (벤치 프레스 등 근육 운동을 할 때) 보조해주는 사람   short notice 촉박한 통보

Q13 약속 취소 경험

That's the end of the situation. Have you ever had to cancel on a friend at the last minute? Why did you have to cancel? How did your friend react? When did this happen? Tell me every detail that you remember.

상황극이 종료되었습니다. 마지막 순간에 친구와의 약속을 취소해야 했던 경험이 있나요? 왜 취소해야 했나요? 당신의 친구는 어떻게 반응했나요? 그 일은 언제 일어났나요? 기억하는 모든 것들을 자세히 말해주세요.

모범답변

| 도입부

[개인적으로], I try really hard to [(약속을) 지키다] the plans I make with my friends. It's important to me that they think I'm [믿을 수 있는]. But, you know, this kind of thing will happen, no matter what. The last time was a few months ago.

개인적으로, 친구와 한 약속은 그대로 지키려고 정말 노력해요. 친구들이 저를 신뢰있는 사람이라고 생각하는 것이 제게는 중요하거든요. 그렇지만, 알죠, 이런 일은 어떻게든 일어나요. 가장 최근에는 몇 달 전에 있었던 일이에요.

| 본문

Because of [사회적 거리두기], I didn't see some of my friends for a very long time. So, we were excited to finally [약속을 잡다] to meet for dinner and some drinks, because the daily infections were lower. We thought it would be like [평범한, 보통의] again. Then, the week before we planned to meet, several new [(병의) 확산] occurred. My friends told me not to worry, but I didn't want to take the [위험]. I felt bad, but I told them I didn't feel comfortable going out. Maybe they felt [같은 마음인], but I was the first to say it.

사회적 거리두기 때문에, 전 엄청 오랫동안 친구들을 만나지 못했어요. 그래서, 일일 확진자 수가 낮아져서 마침내 저녁도 먹고 술도 먹기로 약속을 잡았을 때 저희는 정말 신났어요. 저 흰 이전처럼 지낼 수 있을 거라 생각했어요. 그때, 만나기로 한 일주일 전, 몇몇 새로운 형태의 바이러스가 발생했어요. 친구들은 제게 걱정하지 말라고 했지만, 저는 위험을 무릅쓰고 싶지 않았어요. 너무 미안했지만, 외출하는 게 마음이 편하지 않다고 친구들에게 말했죠. 아마 그들도 똑같은 마음이었겠지만, 제가 먼저 말했어요.

| 마무리

It was really [실망스러운], but we were able to hang out recently, and we had a great time.

그 때는 너무 실망스러웠지만, 최근에 우린 만날 수 있었고, 아주 좋은 시간을 보냈어요.

모범 답안

Personally / stick to / reliable / social distancing / make plans / normal / outbreaks / risk / the same way / disappointing

That's the end of the situation. Have you ever had to cancel on a friend at the last minute? Why did you have to cancel? How did your friend react? When did this happen? Tell me every detail that you remember.

상황극이 종료되었습니다. 마지막 순간에 친구와의 약속을 취소해야 했던 경험이 있나요? 왜 취소해야 했나요? 당신의 친구는 어떻게 반응했나요? 그 일은 언제 일어났나요? 기억하는 모든 것들을 자세히 말해주세요.

모범답변

🔊 MP3 2_26

| 도입부

몇 달 전
a few months ago

Personally, I try really hard to stick to the plans I make with my friends. It's important to me that they think I'm reliable. But, you know, this kind of thing will happen, no matter what. The last time was a few months ago.

개인적으로, 친구와 한 약속은 그대로 지키려고 정말 노력해요. 친구들이 저를 신뢰있는 사람이라고 생각하는 것이 제게는 중요하거든요. 그렇지만, 알죠, 이런 일은 어떻게든 일어나요. 가장 최근에는 몇 달 전에 있었던 일이에요.

| 본문

- 저녁도 먹고 술도 먹기로 약속을 잡음
  make plans to meet for dinner and some drinks

- 새로운 바이러스 발생됨
  new outbreaks occurred

- 외출하는 게 마음이 편치 않음
  didn't feel comfortable going out

Because of social distancing, I didn't see some of my friends for a very long time. So, we were excited to finally make plans to meet for dinner and some drinks, because the daily infections were lower. We thought it would be like normal again. Then, the week before we planned to meet, several new outbreaks occurred. My friends told me not to worry, but I didn't want to take the risk. I felt bad, but I told them I didn't feel comfortable going out. Maybe they felt the same way, but I was the first to say it.

사회적 거리두기 때문에, 전 엄청 오랫동안 친구들을 만나지 못했어요. 그래서, 일일 확진자 수가 낮아져서 마침내 저녁도 먹고 술도 먹기로 약속을 잡았을 때 저희는 정말 신났어요. 저흰 이전처럼 지낼 수 있을 거라 생각했어요. 그때, 만나기로 한 일주일 전, 몇몇 새로운 형태의 바이러스가 발생했어요. 친구들은 제게 걱정하지 말라고 했지만, 저는 위험을 무릅쓰고 싶지 않았어요. 너무 미안했지만, 외출하는 게 마음이 편하지 않다고 친구들에게 말했죠. 아마 그들도 똑같은 마음이었겠지만, 제가 먼저 말했어요.

| 마무리

최근에 만날 수 있었음
were able to hang out

It was really disappointing, but we were able to hang out recently, and we had a great time.

그 때는 너무 실망스러웠지만, 최근에 우린 어울릴 수 있었고, 아주 좋은 시간을 보냈어요.

고득점 어휘/표현

어휘/표현

personally 개인적으로 stick to (약속을) 지키다, ~을 계속하다 no matter what 어떻게 해서든지 social distancing 사회적 거리두기
make plans 약속을 잡다 daily infections 일일 확진자 수 outbreaks 확산 occur 발생하다 take the risk 위험을 감수하다
comfortable 편한 feel the same way 같은 생각을 하다

• 새로 생긴 헬스장에 전화해 질문

| 도입부 | 본문 | 마무리 |

• 친구와의 약속 취소 상황 문제 해결

| 도입부 | 본문 | 마무리 |

• 약속 취소 경험

| 도입부 | 본문 | 마무리 |

STEP 1 기출 포인트 파악하기

가장 많이 나오는 3 COMBO 세트

❶ 과거와 현재의 주택 변화

How has the housing in your country changed over the past ten years? Has the style changed, or maybe the cost of housing? Tell me about the biggest change.

지난 10년 동안 당신 나라의 주택은 어떻게 변했나요? 양식이나 주택 가격이 변했나요? 가장 큰 변화에 대해 말해주세요.

❷ 주택 시장 관련 최근 뉴스나 이슈

There has been a lot in the news lately about problems with the real estate market in your country. What are the problems? Can you explain them?

최근 당신 나라의 부동산 시장에 관한 여러 문제가 뉴스에 보도되고 있습니다. 무슨 문제가 있나요? 그것을 설명해 주시겠어요?

오픽 꿀팁 추가 빈출 문제

- 현재 살고 있는 집
  I want to know where you live. Can you describe your home to me? What is it like? How many rooms does it have?
  어디에 사는지 알고 싶습니다. 집에 대해 묘사해 줄 수 있나요? 어떻게 생겼나요? 방이 몇 개인가요?

- 집에 준 변화
  Sometimes we want to change something in our home. Perhaps we get new furniture or do some painting or decorating. Talk about one change that you have made to your home. Tell me why you decided to make that change.
  우리는 가끔 집에서 무언가를 바꾸고 싶어합니다. 새로운 가구를 사거나, 그림이나 장식을 하고 싶어 하기도 합니다. 집에 준 한 가지 변화에 대해 말해 주세요. 왜 그런 변화를 주기로 결심했는지 말해 주세요.

제시된 오늘의 어휘와 패턴을 익히고 답변에 사용하고자 하는 어휘나 패턴에 체크해보세요.

어휘

☐	위치	location
☐	아늑한	cozy
☐	급등하다, 치솟다	skyrocket
☐	정책	policies
☐	논란이 많은	controversial
☐	급등하다	surge
☐	믿기 어려울 정도인	unbelievable
☐	전문가	expert
☐	부동산, 부동산 중개업	real estate
☐	투기, 추측, 짐작	speculation
☐	비현실적인	unrealistic
☐	빚, 부채	debt
☐	경제를 무너뜨리다	crash the economy

패턴

• As far as I can tell,　제가 알기로는

As far as I can tell, these are the biggest changes.
제가 알기로는, 이것들이 가장 큰 변화들입니다.

_____, an increasing number of Koreans are choosing the single life.
제가 알기로는, 독신 생활을 선택하는 한국인의 숫자가 늘어나고 있다는 것입니다.

• I'm not an expert on the topic, but　이 분야의 전문가는 아니지만,

I'm not an expert on the topic, but the current housing market can definitely be described as a bubble.
이 분야의 전문가는 아니지만, 요즘 주택 시작은 확실히 거품이라고 묘사할 수 있을 것 같습니다.

_____, _____ I think the government should come up with some compensation measures for small business owners.
이 분야의 전문가는 아니지만, 제 생각에 정부는 소상공인에 대한 보상책을 마련해야 한다고 생각합니다.

• not to mention,　말할 것도 없이, 물론이고

Not to mention, normal families looking for homes also have to deal with these unrealistic prices.
물론, 살 곳을 찾는 평범한 가족들도 이런 비현실적인 시세를 감당해야 합니다.

He is a great singer, _____ a talented composer.
그는 노래를 잘 부릅니다. 거기다 작곡 실력은 말할 것도 없이 훌륭합니다.

나만의 문장 만들기

주어진 우리말을 보고 빈칸을 채우고 아래 모범 답안을 확인해보세요.

❶ 과거와 현재의 주택 변화

지난 10년간 한국의 주택은 많이 변화함	I can confidently say that the housing in Korea has changed a lot 지난 10년간 .
첫째로, 위치가 변함	First, the 위치 of most homes has changed
둘째로, 집의 디자인이 개선됨	Second, the 디자인 of homes has 개선된 .

❷ 주택 시장 관련 최근 뉴스나 이슈 – 집값 폭등

최근 몇 년간 집값이 폭등함	The 집값 have surged in recent years.
믿을 수 없음	It's 믿을 수 없는 .
현재 주택 시장은 거품이라 말할 수 있음	The 현재의 housing market can definitely be described as a bubble.

❸ 주택 시장 관련 최근 뉴스나 이슈 – 부동산 투기

주택의 가치는 계속 올라가고 있음	The 가치 of homes keeps 오르는 .
투자자들은 더 많은 돈을 벌기 위해 부동산에 많은 돈을 투자함	투자자들 pay a lot for 부동산 , expecting to make even more money.
이러한 투기는 위험함	This kind of 투기 is dangerous.

모범 답안

❶ over past 10 years / location / design / improved
❷ housing prices /unbelievable / current
❸ value / rising / investors / real estate / speculation

실전 문제를 듣고 빈칸을 채우거나 소리내 말해보고 아래 모범 답안을 확인해보세요.

🔊 MP3 2_27

Q14 과거와 현재의 주택 변화

How has the housing in your country changed over the past ten years? Has the style changed, or maybe the cost of housing? Tell me about the biggest change.

지난 10년 동안 당신 나라의 주택은 어떻게 변했나요? 양식이나 주택 가격이 변했나요? 가장 큰 변화에 대해 말해주세요.

모범답변

| 도입부

I can confidently say that the housing in Korea has changed a lot 지난 10년 간 . 주로 , the 위치 , design, and 가격 of homes have all changed.

확실히 지난 10년간 한국의 주택은 많이 변했다고 말할 수 있어요. 주로, 위치, 디자인 그리고 주택의 가격이 크게 변했죠.

| 본문

First, the location of most homes has changed. Nowadays, young families ~로 이사하다   새로 지어진 apartments outside of 주요 도시들 . The 아파트 단지 are huge, and new shops and 시설들 , like subway stations, schools, and parks, are built around them. Second, the design of homes has 향상된 . People are ~을 더욱 의식하는, 관심이 있는 using space well. Minimalist designs are more popular, so homes don't feel ~로 꽉 찬, 혼잡한 stuff, and new apartments have a 아늑한 , open design with a lot of 자연광 . Finally, the cost of housing 치솟았다 The government introduced new policies to control it, but they are 논란이 많은 .

우선, 대부분의 주택 위치가 바뀌었어요. 요즘, 젊은 가족들은 주요 도시의 바깥에 새로 지어진 아파트로 이사하고 있어요. 아파트 단지가 아주 크고 상점과, 지하철역, 학교, 공원 같은 시설이 주위에 잘 마련되어져 있죠. 둘째로, 주택의 디자인이 향상됐어요. 사람들이 전보다 공간을 잘 활용하는 데 관심이 있거든요. 미니멀리즘 디자인이 유행하고 있어서 주택들이 물건으로 혼잡한 느낌이 들지 않고, 신축 아파트들은 많은 자연광이 들어오면서 아늑하고 탁 트인 디자인을 가지고 있어요. 마지막으로, 집값이 급등했어요. 정부가 이를 규제하기 위해 새로운 정책들을 발표했지만, 그와 관련된 논란이 많아요.

| 마무리

As far as I can tell, these are the biggest changes.

제가 알기로는 이것이 가장 큰 변화들이에요.

모범 답안

over the past ten years / Mainly / location / cost / move to / newly constructed /major cities / apartment complexes / facilities / improved /more conscious of / overcrowded with / cozy / natural lighting / has skyrocketed / controversial

How has the housing in your country changed over the past ten years? Has the style changed, or maybe the cost of housing? Tell me about the biggest change.

지난 10년 동안 당신 나라의 주택은 어떻게 변했나요? 양식이나 주택 가격이 변했나요? 가장 큰 변화에 대해 말해주세요.

모범답변   🔊 MP3 2_28

| 도입부

많이 변화함
has changed a lot

I can confidently say that the housing in Korea has changed a lot over the past ten years. Mainly, the location, design, and cost of homes have all changed.

확실히 지난 10년간 한국의 주택은 많이 변했다고 말할 수 있어요. 주로, 위치, 디자인 그리고 주택의 가격이 완전히 변했죠.

| 본문

• 위치가 바뀜
the location of most homes has changed

• 디자인이 향상됨
the design of homes has improved

• 집값이 급등함
the cost of housing has skyrocketed

First, the location of most homes has changed. Nowadays, young families move to newly constructed apartments outside of major cities. The apartment complexes are huge, and new shops and facilities, like subway stations, schools, and parks, are built around them. Second, the design of homes has improved. People are more conscious of using space well. Minimalist designs are more popular, so homes don't feel overcrowded with stuff, and new apartments have a cozy, open design with a lot of natural lighting. Finally, the cost of housing has skyrocketed. The government introduced new policies to control it, but they are controversial.

우선, 대부분의 주택 위치가 바뀌었어요. 요즘, 젊은 가족들은 주요 도시의 바깥에 새로 지어진 아파트로 이사하고 있어요. 아파트 단지가 아주 크고 상점과, 지하철역, 학교, 공원 같은 시설이 주위에 잘 마련되어져 있죠. 둘째로, 주택의 디자인이 향상됐어요. 사람들이 전보다 공간을 잘 활용하는 데 관심이 있거든요. 미니멀리즘 디자인이 유행하고 있어서 주택들이 물건으로 복잡한 느낌이 들지 않고, 신축 아파트들은 많은 자연광이 들어오면서 아늑하고 탁 트인 디자인을 가지고 있어요. 마지막으로, 집값이 급등했어요. 정부가 이를 규제하기 위해 새로운 정책들을 발표했지만, 그와 관련된 논란이 많아요.

| 마무리

이것들이 가장 큰 변화
these are the biggest changes

As far as I can tell, these are the biggest changes.

제가 알기로는, 이것들이 가장 큰 변화들이에요.

고득점 어휘/표현

어휘/표현

apart complex 아파트 단지   facility 시설, 기관   conscious of ~을 의식하고 있는   overcrowded with ~으로 너무 붐비는, 혼잡한
skyrocket ~가 급등하다, 치솟다   controversial 논란이 많은, 쟁점이 되는

Q15 주택 시장 관련 최근 뉴스나 이슈

There has been a lot in the news lately about problems with the real estate market in your country. What are the problems? Can you explain them?

최근 당신 나라의 부동산 시장에 관한 여러 문제가 뉴스에 보도되고 있습니다. 무슨 문제가 있나요? 그것을 설명해 주시겠어요?

모범답변

| 도입부

Well, if there's one major problem to talk about, then it must be how 집값, 주택 가격 have 급증한 in recent years. It's 믿기 어려운 .

음, 말할 만한 중요한 문제를 하나 고르라면, 분명히 최근 몇 년간 어떻게 집값이 급증했는가에 대한 것일 거에요. 믿기 어려울 정도의 상황이에요.

| 본문

I'm not an 전문가 on the topic, but the 현재의 housing market can definitely be described as a bubble. The 가치 of homes keeps rising, so 투자자들 pay a lot for 부동산 , expecting to make even more money. But, as we can see, this kind of 투기 is dangerous. 말할 필요도 없이 , normal families looking for homes also have to 감당하다 these 비현실적인 prices. This means that people have to take out huge loans from banks, and everyone is already in so much 대출 these days. A lot of people, myself included are afraid that the real estate bubble will 터지다, 악화되다 soon, which would crash the economy.

제가 이 주제에 대해 잘 알지는 못하지만, 현재 주택 시장은 분명히 거품이라고 설명할 수 있어요. 주택의 가치가 계속해서 오르고 있어서, 투자자들은 이보다 더 많은 돈을 벌 요량으로 부동산에 많은 투자를 하고 있어요. 하지만, 모두가 알고 있듯이, 이런 투기는 위험해요. 말할 필요도 없이, 살 집을 구하는 평범한 가정들도 이런 비현실적인 가격을 감당해야만 해요. 이건 사람들이 은행에서 막대한 대출을 받아야 한다는 것이고, 모든 사람들이 요즘 이미 큰 빚을 지고 있어요. 저를 포함한 많은 이들이 부동산 거품이 곧 악화될 것을 걱정하고 있는데, 이 일은 경제에 큰 타격을 입힐 거에요.

| 마무리

I think the real estate market is 통제할 수 없는 . I'm not sure how the problem can be solved.

제 생각에 부동산 시장은 통제할 수 없는 상태인 것 같아요. 이 문제를 어떻게 해결할 수 있을지 모르겠어요.

모범 답안

housing prices / surged / unbelievable / expert / current / value / investors / real estate / speculation / Not to mention / deal with / unrealistic / debt / burst / out of control

There has been a lot in the news lately about problems with the real estate market in your country. What are the problems? Can you explain them?

최근 당신 나라의 부동산 시장에 관한 여러 문제가 뉴스에 보도되고 있습니다. 무슨 문제가 있나요? 그것을 설명해 주시겠어요?

모범답변

🔊 MP3 2_30

도입부

집값이 급증
housing prices have surged

Well, if there's one major problem to talk about, then it must be how housing prices have surged in recent years. It's unbelievable.

음, 말할 만한 중요한 문제를 하나 고르라면, 분명히 최근 몇 년간 어떻게 집값이 급증했는가에 대한 것일 거예요. 믿기 어려울 정도의 상황이에요.

본문

- 주택 가치가 계속해서 오름
  the value of homes keeps rising

- 비현실적인 가격 → 막대한 대출
  unrealistic prices
  → huge loans

- 부동산 거품이 악화됨 → 경제에 큰 타격
  real estate bubble will burst
  → crash the economy

I'm not an expert on the topic, but the current housing market can definitely be described as a bubble. The value of homes keeps rising, so investors pay a lot for real estate, expecting to make even more money. But, as we can see, this kind of speculation is dangerous. Not to mention, normal families looking for homes also have to deal with these unrealistic prices. This means that people have to take out huge loans from banks, and everyone is already in so much debt these days. A lot of people, myself included, are afraid that the real estate bubble will burst soon, which would crash the economy.

제가 이 주제에 대해 잘 알지는 못하지만, 현재 주택 시장은 분명히 거품이라고 설명할 수 있어요. 주택의 가치가 계속해서 오르고 있어서, 투자자들은 이보다 더 많은 돈을 벌 요량으로 부동산에 많은 투자를 하고 있어요. 하지만, 모두가 알고 있듯이, 이런 투기는 위험해요. 말할 필요도 없이, 살 집을 구하는 평범한 가정들도 이런 비현실적인 가격을 감당해야만 해요. 이건 사람들이 은행에서 막대한 대출을 받아야 한다는 것이고, 모든 사람들이 요즘 이미 큰 빚을 지고 있어요. 저를 포함한 많은 이들이 부동산 거품이 곧 악화될 것을 걱정하고 있는데, 이 일은 경제에 큰 타격을 입힐 거예요.

마무리

통제할 수 없는 상태 같음
out of control

I think the real estate market is out of control. I'm not sure how the problem can be solved.

제 생각에 부동산 시장은 통제할 수 없는 상태인 것 같아요. 이 문제를 어떻게 해결할 수 있을지 모르겠어요.

고득점 어휘/표현

어휘/표현

not an expert on ~의 분야에 전문가가 아니다, ~에 대해 잘 모른다   surge 급증하다, 급등하다   speculation 투기   not to mention 말할 것도 없이, ~은 물론이고   in debt 빚을 진   out of control 통제할 수 없는

• 과거와 현재의 주택 변화

• 주택 시장 관련 최근 뉴스나 이슈

OPIc

진짜학습지

IH

Week

3

OPIc
진짜학습지 IH

초판 4쇄 발행 2025년 7월 15일

지은이 멀티캠퍼스·시원스쿨어학연구소
펴낸곳 (주)에스제이더블유인터내셔널
펴낸이 양홍걸 이시원

홈페이지 www.siwonschool.com
주소 서울시 영등포구 영신로 166 시원스쿨
교재 구입 문의 02)2014-8151
고객센터 02)6409-0878

ISBN 979-11-6150-584-8 13740
Number 1-110806-12123000-04

Week

3

이번 주 학습 목표

- ✦ 최신 사회 이슈를 활용하여 여행 관련 문제에 답변할 수 있다.

- ✦ 다양한 주제의 관련 경험 문제를 연습하여 과거 시제를 자유롭게 활용할 수 있다.

- ✦ 공통형 빈출 주제인 은행과 인터넷 관련 문제에 다양하게 답변을 할 수 있다.

전체 MP3 모음

문제 풀어보기

문항 구성

자기소개	1 자기소개	공통형 은행	8 자주 가는 은행
공통형 집	2 좋아하는 방		9 은행에서 겪었던 문제
	3 집에서 하는 일과		10 과거와 현재의 은행 변화
	4 집에 준 변화	롤플레이 (선택형) 영화 보기	11 영화 관람 약속 질문
선택형 국내 여행	5 좋아하는 국내 여행 장소		12 친구와의 약속 취소 상황 문제 해결
	6 여행 가기 전 준비		13 약속 취소 경험
	7 과거와 현재의 여행 비교와 어려워진 점	공통형 인터넷	14 과거와 현재의 인터넷 사용 변화
			15 인터넷 관련 우려와 걱정

시험 난이도 ★★★☆☆

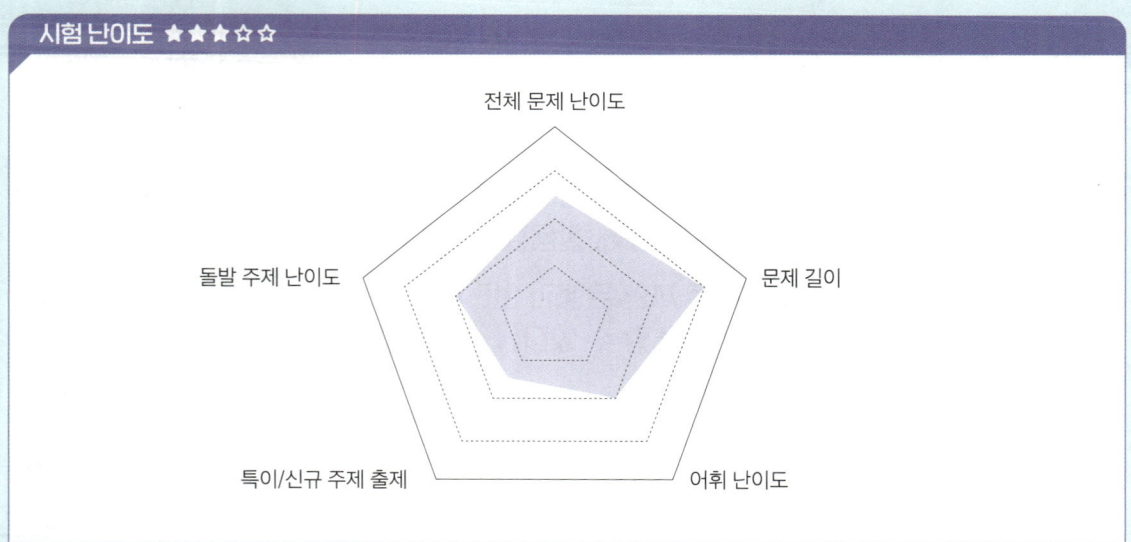

Self-Assessment 4-4

STEP 1 **어휘와 패턴 익히기**

제시된 오늘의 어휘와 패턴을 익히고 답변에 사용하고자 하는 어휘나 패턴에 체크해보세요

어휘

☐	회계학	accounting
☐	첫 직장	first job
☐	면접	interview
☐	잘 되어가다	go well
☐	진지한	serious
☐	목표 달성을 위해 노력하다	work toward a goal
☐	여가 시간	free time
☐	스트레스를 해소하다	relieve stress

패턴

• As for me, 나에 대해 말하자면,

As for me, I'm a serious person.
저에 대해 말하자면, 저는 진지한 사람이에요.

_____, I'm an easygoing person.
저에 대해 말하자면, 저는 털털한 사람이에요.

• I graduated from university with a major in 나는 ~을 전공으로 대학을 졸업했다

I graduated from university with a major in accounting.
저는 회계학을 전공으로 대학을 졸업했어요.

_____ media.
저는 미디어를 전공으로 대학을 졸업했어요.

오픽 꿀팁 전공 관련 어휘

business administration 경영학   economics 경제학 industrial engineering 산업 공학   chemical engineering 화학 공학
geology 지리학   architecture 건축학   anthropology 인류학   English literature 영문학   philosophy 철학

STEP 2 실전 문제 풀어보고 확인하기

실전 문제를 듣고 아래 핵심 표현을 확인한 뒤 소리내 말해보세요.

🔊 MP3 3_1

Q1 자기소개

Let's start the interview now. Tell me a little bit about yourself.

인터뷰를 시작합니다. 당신에 대해 말해주세요.

모범답변

🔊 MP3 3_2

| 도입부

• 이름, 나이
Hannah, 24 years old

OK. Well, my name is Hannah, and I am 24 years old.

좋아요. 제 이름은 한나이고, 24살이에요.

| 본문

• 회계학과 졸업
graduated from university with a major in accounting

• 첫 번째 직장 구하는 중
looking for my first job

• 진지한 편
serious person

I recently graduated from university with a major in accounting, so now I'm looking for my first job. I had a few interviews, but I guess they didn't go well. Let's see, what else… Oh, I live in Bundang with my parents and younger sister. As for me, I think I'm a serious person. I'm always working toward a big goal. In my free time, I like to exercise to relax and relieve stress.

저는 회계학을 전공으로 대학을 최근에 졸업했어요. 그래서 이제 저는 첫 직장을 구하고 있습니다. 몇 번의 면접이 있었지만 잘 된 것 같지는 않아요. 음, 또 뭐가 있을까요… 아, 저는 부모님과 여동생과 함께 분당에 살고 있어요. 저에 대해 말하자면, 저는 진지한 사람인 것 같아요. 큰 목표를 달성하기 위해 항상 노력하죠. 여가 시간에는 긴장을 풀고 스트레스를 해소하기 위해 운동하는 것을 좋아해요.

| 마무리

모두 소개
everything for my introduction

I think that covers everything for my introduction.

이 정도면 제 소개를 모두 한 것 같아요.

고득점 어휘/표현

어휘/표현

accounting 회계(학)   work toward ~을 지향하여 노력하다   relieve stress 스트레스를 해소하다   relieve 경감하다, 완화시키다   cover 포함하다

STEP 1 기출 포인트 파악하기

가장 많이 나오는 3 COMBO 세트

❶ 좋아하는 방

I would like to know where you live. Which is your favorite room at home? What does it look like? What do you mostly do there?

당신이 살고 있는 곳을 알고 싶어요. 집에서 당신이 좋아하는 방은 무엇인가요? 어떻게 생겼나요? 그곳에서 주로 무엇을 하나요?

❷ 집에서의 일과

Now, tell me about the things that you do at home. What are some parts of your daily routine? What is special about each activity?

이제 집에서 하는 것들에 관해 말해주세요. 당신의 하루 일과의 일부분은 무엇인가요? 각 활동의 특별한 점은 무엇인가요?

❸ 집에 준 변화

Tell me about a change you made to your home. What was the change and why did you make that change? How did your home look like afterwards? Give me some details.

당신의 집에 만든 한 가지 변화에 대해 말해주세요. 무엇을 바꿨고 왜 그렇게 바꿨나요? 그 뒤에 집은 어떻게 생겼나요? 자세히 말해 주세요.

오픽 꿀팁 추가 빈출 문제

어릴 때 집과 지금 집 비교

Tell me about the house or apartment you lived in when you were a child. How was it different from the one you live in now? What are the similarities and the differences?

당신이 어릴 때 살았던 집 혹은 아파트에 대해 말해주세요. 지금 살고 있는 집과 어떻게 다른 가요? 비슷한 점과 다른 점은 무엇인가요?

어휘와 패턴 익히기

제시된 오늘의 어휘와 패턴을 익히고 답변에 사용하고자 하는 어휘나 패턴에 체크해보세요.

어휘

☐	옷장	closet
☐	긴장을 풀다	unwind
☐	자연광	natural light
☐	~에 대해서 말하자면	as for
☐	일과 생활의 균형	work-life balance
☐	이상하게 들릴지도 모르겠지만	may sound odd
☐	진공청소기로 청소하다	vacuum
☐	정리하다	organize
☐	어수선한	cluttered
☐	정신없이 바쁜	hectic
☐	~로 이사(이동)하다	move into
☐	개조하다, 리모델링하다	remodel
☐	도급업자	contractor

패턴

• ~ is the perfect place for me to   ~은 내가 ~을 할 수 있는 최고의 장소이다

My bedroom is the perfect place for me to unwind after a long day.
제 침실은 긴 하루를 보낸 뒤 긴장을 풀 수 있는 완벽한 장소예요

My living room _____ do home workouts.
제 거실은 홈트하기에 가장 완벽한 장소예요.

• be in bad shape   (상태가) 나쁘다/좋지 않다

Our kitchen was in bad shape.
우리집 부엌은 상태가 좋지 않았어요.

Our old house _____.
예전 우리집은 상태가 좋지 않았어요.

• be very important to me   ~이 나한테는 아주 중요하다

Work-life balance is very important to me.
저에겐 일과 생활의 균형이 아주 중요해요.

Relaxing activities _____.
제게 휴식 활동은 아주 중요해요.

주어진 우리말을 보고 빈칸을 채우고 아래 모범 답안을 확인해보세요.

❶ 좋아하는 방

내 침실	내가 좋아하는 방 is my bedroom.
침대, 책상, 옷장 있음	It has my bed, desk and 큰 옷장 두개 .
큰 창문이 있고 주로 휴식 취함	There is a large window and I 주로 휴식한다 in my room.

❷ 집에서의 일과 – 일과

쉬기 위해 깨끗한 환경 필요	To fully relax, I need to be in 깨끗한 환경 .
시간 들여 매일 아침 청소	I 시간을 들이다 cleaning every morning.
청소기 돌리고 물건 정리	I 진공청소기로 청소하다 the floor and organize all my 물건들 .

❸ 집에서의 하는 일과 – 휴식 활동

휴식 활동 즐김	I enjoy 휴식 활동 at home.
노래 트는 것 좋아함	I like to 틀어 놓다 some music.
집을 안락하게 만들어 줌	It makes my home 안락하게 느끼다 .

❹ 집에 준 변화

부엌 리모델링	My parents 리모델링했다 the kitchen in our family home.
일주일 조금 넘게 걸림	It took 일주일 조금 넘게 .
밝고 깨끗해 짐	The kitchen looked so 밝은 and 깨끗한 .

모범 답안

❶ My favorite room / two large closets / mostly relax
❷ a clean environment / spend some time / vacuum / belongings
❸ relaxing activities / put on / feel cozy
❹ remodeled / a little more than a week / bright / clean

실전 문제를 듣고 아래 핵심 표현을 확인한 뒤 빈칸을 채우거나 소리내 말해보고 아래 정답을 확인해보세요.

🔊 MP3 3_3

Q2 좋아하는 방

I would like to know where you live. Which is your favorite room at home? What does it look like? What do you mostly do there?

당신이 살고 있는 곳을 알고 싶어요. 집에서 당신이 좋아하는 방은 무엇인가요? 어떻게 생겼나요? 그곳에서 주로 무엇을 하나요?

모범답변

| 도입부

쉬운 질문이네요 , Ava. My favorite room is my bedroom, of course. It has everything that I need.

쉬운 질문이네요, 에바. 제가 좋아하는 방은 당연히 침실이에요. 제게 필요한 모든 것이 있거든요.

| 본문

My bedroom is probably like most others. It has my bed, desk, and two large closets for my clothes. There's a large window, too. It has a great view of a nearby mountain, and it lets 많은 자연광 in. It's probably my favorite thing about my room. 제 방에서 무엇을 하는지에 대해 말하자면 , well, I mostly relax. I use my phone a lot on my bed, chatting with my friends or watching clips on YouTube. I study at my desk, and I keep most of my books there, too. My bedroom 나에게 완벽한 장소이다 to unwind after a long day. I can totally relax there.

아마 대부분의 사람들이 쓰는 침실과 비슷할 거예요. 침대, 책상 그리고 제 옷을 위한 큰 옷장 두 개가 있죠. 큰 창문도 한 개 있네요. 근처에 있는 산의 멋있는 풍경이 보이고, 자연광도 많이 들어와요. 이것이 제가 제 방에 관해 좋아하는 것이에요. 제 방에서 무엇을 하는지에 대해 말하자면, 글쎄요, 주로 휴식을 취해요. 저는 침대 위에서 핸드폰을 많이 쓰는데요, 친구들과 수다를 떨거나 유튜브 영상을 봐요. 공부는 책상에서 하고, 대부분의 책들도 거기에 뒀어요. 제 침실은 긴 하루를 보낸 뒤 긴장을 풀 수 있는 완벽한 장소예요. 그곳에선 완전한 휴식을 취할 수 있죠.

| 마무리

Without a doubt, my bedroom is the place I spend most of my time.

의심할 여지없이, 제가 대부분의 시간을 보내는 곳은 침실이에요.

모범답안

That's an easy question / a lot of natural light / As for what I do in my room / is the perfect place for me

I would like to know where you live. Which is your favorite room at home? What does it look like? What do you mostly do there?

당신이 살고 있는 곳을 알고 싶어요. 집에서 당신이 좋아하는 방은 무엇인가요? 어떻게 생겼나요? 그곳에서 주로 무엇을 하나요?

모범답변　　　　　　　　　　　　　　　　　　　　　🔊 MP3 3_4

| 도입부

내 침실
my bedroom

That's an easy question, Ava. My favorite room is my bedroom, of course. It has everything that I need.

쉬운 질문이네요, 에바. 제가 좋아하는 방은 당연히 침실이에요. 제게 필요한 모든 것이 있거든요.

| 본문

- 침대, 책상, 옷장
  my bed, desk, large closets
- 큰 창문
  a large window
- 주로 휴식 취함
  mostly relax

My bedroom is probably like most others. It has my bed, desk, and two large closets for my clothes. There's a large window, too. It has a great view of a nearby mountain, and it lets a lot of natural light in. It's probably my favorite thing about my room. As for what I do in my room, well, I mostly relax. I use my phone a lot on my bed, chatting with my friends or watching clips on YouTube. I study at my desk, and I keep most of my books there, too. My bedroom is the perfect place for me to unwind after a long day. I can totally relax there.

아마 대부분의 사람들이 쓰는 침실과 비슷할 거예요. 침대, 책상 그리고 제 옷을 위한 큰 옷장 두 개가 있죠. 큰 창문도 한 개 있네요. 근처에 있는 산의 멋있는 풍경이 보이고, 자연광도 많이 들어와요. 이것이 제가 제 방에 관해 좋아하는 것이에요. 제 방에서 무엇을 하는지에 대해 말하자면, 글쎄요, 주로 휴식을 취해요. 저는 침대 위에서 핸드폰을 많이 쓰는데요, 친구들과 수다를 떨거나 유튜브 영상을 봐요. 공부는 책상에서 하고, 대부분의 책들도 거기에 뒀어요. 제 침실은 긴 하루를 보낸 뒤 긴장을 풀 수 있는 완벽한 장소예요. 그곳에선 완전한 휴식을 취할 수 있죠.

| 마무리

대부분의 시간 보내는 곳은 침실
spend most of my time in my bedroom

Without a doubt, my bedroom is the place I spend most of my time.

의심할 여지없이, 제가 대부분의 시간을 보내는 곳은 침실이에요.

고득점 어휘/표현

어휘/표현

describe 설명하다　probably 아마　nearby 인근의, 가까운　natural light 자연광　relax 긴장을 풀다, 쉬다　chat with ~ ~와 수다를 떨다, 이야기를 나누다　keep ~을 놓아두다　unwind 긴장을 풀다, 편한 마음을 갖게 하다

Q3 집에서의 일과

Now, tell me about the things that you do at home. What are some parts of your daily routine? What is special about each activity?

이제 집에서 하는 것들에 관해 말해주세요. 당신의 하루 일과의 일부분은 무엇인가요? 각 활동의 특별한 점은 무엇인가요?

모범답변

| 도입부

요즘 많은 사람들이 그러는 것처럼 , work-life balance 나에게도 아주 중요하다 . That's why I try to only do relaxing activities that I enjoy at home.

요즘 많은 사람들이 그러는 것처럼, 저도 일과 생활의 균형이 아주 중요해요. 그래서 집에서 즐길 수 있는 휴식 활동만 하려고 하죠.

| 본문

Well, 이상하게 들릴지도 모르겠지만 , but to fully relax, I need to be in a clean environment. So, I spend some time 매일 아침 청소하면서 . I 진공청소기로 바닥을 청소하다 and 나의 모든 물건들을 정리하다 . I can't relax in a 어수선한 방 . Once my home is clean, I like 음악을 트는 것 . I always like playing them when I'm at home. It makes my home 안락하게 느껴지다 , kind of like a cool little café. I make coffee while the music plays, and then I 소파에 앉았다 to 읽다 some news. Then, I'll 하루를 계속하다 , doing whatever else I need to do.

글쎄요, 이상하게 들릴지도 모르겠지만, 완전한 휴식을 취하기 위해서 저는 깨끗한 환경에 있어야 해요. 그래서 매일 아침마다 시간을 들여 집을 청소하죠. 청소기를 돌리고 물건들을 정리해요. 어수선한 방에서는 휴식을 취할 수가 없거든요. 집을 청소하고 나면, 노래 트는 것을 좋아해요. 집에 있을 때는 음악 틀어 놓는 것을 늘 좋아해요. 집안을 더 안락하게 느끼고 멋진 작은 카페처럼 만들어 주거든요. 음악이 흘러나오는 동안 커피를 만들어서 소파에 앉아 뉴스를 읽기도 해요. 그 다음에, 제가 해야 할 일을 하면서 하루를 보내요.

| 마무리

When my schedule allows it, this is how I like to start my day at home. Of course, it's a lot more hectic some days.

제 일정이 허락된다면, 집에서 이렇게 하루를 시작해요. 물론 어떤 날들은 훨씬 정신없이 바쁘죠.

모범 답안

Like a lot of people these days / is very important to me / this may sound odd / cleaning every morning / vacuum the floor / organize all my belongings / cluttered room / to put on some music / feel cozy / sit on my sofa / read / get on with my day

Now, tell me about the things that you do at home. What are some parts of your daily routine? What is special about each activity?

이제 집에서 하는 것들에 관해 말해주세요. 당신의 하루 일과의 일부분은 무엇인가요? 각 활동의 특별한 점은 무엇인가요?

모범답변

🔊 MP3 3_6

| 도입부

집에서 휴식 활동 즐김
enjoy relaxing activities at home

Like a lot of people these days, work-life balance is very important to me. That's why I try to only do relaxing activities that I enjoy at home.

요즘 많은 사람들이 그러는 것처럼, 저도 일과 생활의 균형이 아주 중요해요. 그래서 집에서 즐길 수 있는 휴식 활동만 하려고 하죠.

| 본문

• 아침마다 청소
  clean every morning

• 물건 정리
  organize all my belongings

• 음악 듣기
  put on some music

Well, this may sound odd, but to fully relax, I need to be in a clean environment. So, I spend some time cleaning every morning. I vacuum the floor and organize all my belongings. I can't relax in a cluttered room. Once my home is clean, I like to put on some music. I always like playing them when I'm at home. It makes my home feel cozy, kind of like a cool little café. I make coffee while the music plays, and then I sit on my sofa to read some news. Then, I'll get on with my day, doing whatever else I need to do.

글쎄요, 이상하게 들릴지도 모르겠지만, 완전한 휴식을 취하기 위해서 저는 깨끗한 환경에 있어야 해요. 그래서 매일 아침마다 시간을 들여 집을 청소하죠. 청소기를 돌리고 물건들을 정리해요. 어수선한 방에서는 휴식을 취할 수가 없거든요. 집을 청소하고 나면, 노래 트는 것을 좋아해요. 집에 있을 때는 음악 틀어 놓는 것을 늘 좋아해요. 집안을 더 안락하게 느끼고 멋진 작은 카페처럼 만들어 주거든요. 음악이 흘러나오는 동안 커피를 만들어서 소파에 앉아 뉴스를 읽기도 해요. 그 다음에, 제가 해야 할 일을 하면서 하루를 보내요.

| 마무리

이렇게 하루 시작
This is how I start my day

When my schedule allows it, this is how I like to start my day at home. Of course, it's a lot more hectic some days.

제 일정이 허락된다면, 집에서 이렇게 하루를 시작해요. 물론 어떤 날들은 훨씬 정신없이 바쁘죠.

고득점 어휘/표현

어휘/표현

usually 보통, 대개   routine 일과   work-life balance 일과 삶의 균형   odd 이상한   spend time ~ ~하면서 시간을 보내다   vacuum 진공청소기로 청소하다   organize 정리하다   belongings 소유물, 소지품   cluttered 어질러진, 어수선한   put on ~ ~을 상연하다   cozy 아늑한, 안락한   get on with ~ ~을 계속하다   hectic 정신없이 바쁜, 빡빡한

Q4 집에 준 변화

Tell me about a change you made to your home. What was the change and why did you make that change? How did your home look like afterwards? Give me some details.

당신의 집에 만든 한 가지 변화에 대해 말해주세요. 무엇을 바꿨고 왜 그렇게 바꿨나요? 그 뒤에 집은 어떻게 생겼나요? 자세히 말해 주세요.

모범답변

| 도입부

I 막 ~로 이사 왔다 my own place, so I 큰 변화를 만든 적이 없다 to it yet. But, I remember when my parents remodeled the kitchen in our family home.

이사 온 지 얼마 안 됐기 때문에 아직 집에 큰 변화를 준 적은 없어요. 하지만, 부모님이 본가의 있는 부엌을 리모델링 했던 때가 떠오르네요.

| 본문

Our kitchen 안 좋은 상태에 있었다 , and my mother always complained that it was too small. 그것은 ~에 좋지 않았다 cooking big family meals. So, my parents 도급업자를 고용했다 to remodel the kitchen. It took a lot of work, because we had 부엌에 있는 모든 물건을 꺼내다 first. I didn't know we had so many pots! I remember the work took a little 일주일이 넘게 , and I was happy because we 매일 저녁 외식을 하거나 음식을 배달시켜야 했다 . I loved it! Once the work was finished, we were all impressed. The kitchen 굉장해 보였다 , 정말 밝고 깨끗한 , and it was 요리하기 훨씬 편한 . It made the whole house feel better.

우리집 부엌은 상태가 나빴고, 어머니는 늘 부엌이 너무 작다고 불평하셨어요. 대가족의 식사를 요리하기에는 좋지 않았죠. 그래서 부모님은 부엌 리모델링을 위해 도급업자를 고용하셨어요. 우선 부엌에 있는 모든 물건을 꺼내야 했기 때문에 엄청 힘들었죠. 저는 우리집에 그렇게 많은 냄비가 있는지 몰랐어요! 제 기억에 공사는 일주일이 조금 넘게 걸렸고 저는 매일 저녁마다 음식을 시켜 먹거나 나가서 먹을 수 있어서 좋았어요. 진짜 좋았어요! 공사가 끝나자, 우리 모두 감명받았어요. 부엌이 굉장해 보였고, 밝고 깨끗했죠. 그리고 요리하기 훨씬 편해졌거든요. 집 전체를 전보다 더 좋게 만들어 줬어요.

| 마무리

My parents definitely made the right decision. Now I wonder what changes I should make to my place.

저희 부모님은 확실히 옳은 결정을 하신 거죠. 우리집에는 어떤 변화를 줘야 할지 궁금해지네요.

모범답안

just moved into / haven't made any big changes / was in bad shape / It wasn't good for / hired a contractor / to get everything out of the kitchen / more than a week / had to eat out or order food every night / looked fantastic / so bright and clean / much more convenient for cooking

Q4 집에 준 변화

Tell me about a change you made to your home. What was the change and why did you make that change? How did your home look like afterwards? Give me some details.

당신의 집에 만든 한 가지 변화에 대해 말해주세요. 무엇을 바꿨고 왜 그렇게 바꿨나요? 그 뒤에 집은 어떻게 생겼나요? 자세히 말해 주세요.

모범답변 🔊 MP3 3_8

| 도입부

부엌 리모델링
remodeled the kitchen

I just moved into my own place, so I haven't made any big changes to it yet. But, I remember when my parents remodeled the kitchen in our family home.

이사 온 지 얼마 안 됐기 때문에 아직 집에 큰 변화를 준 적은 없어요. 하지만, 부모님이 본가의 있는 부엌을 리모델링 했던 때가 떠오르네요.

| 본문

• 부엌 상태 나쁨
  kitchen was in bad shape
• 일주일 조금 넘게 걸림
  took a little more than a week
• 밝고 깨끗해짐
  looked bright and clean

Our kitchen was in bad shape, and my mother always complained that it was too small. It wasn't good for cooking big family meals. So, my parents hired a contractor to remodel the kitchen. It took a lot of work, because we had to get everything out of the kitchen first. I didn't know we had so many pots! I remember the work took a little more than a week, and I was happy because we had to eat out or order food every night. I loved it! Once the work was finished, we were all impressed. The kitchen looked fantastic, so bright and clean, and it was much more convenient for cooking. It made the whole house feel better.

우리집 부엌은 상태가 나빴고, 어머니는 늘 부엌이 너무 작다고 불평하셨어요. 대가족의 식사를 요리하기에는 좋지 않았죠. 그래서 부모님은 부엌 리모델링을 위해 도급업자를 고용하셨어요. 우선 부엌에 있는 모든 물건을 꺼내야 했기 때문에 엄청 힘들었죠. 저는 우리집에 그렇게 많은 냄비가 있는지 몰랐어요! 제 기억에 공사는 일주일이 조금 넘게 걸렸고 저는 매일 저녁마다 음식을 시켜 먹거나 나가서 먹을 수 있어서 좋았어요. 진짜 좋았어요! 공사가 끝나자, 우리 모두 감명받았어요. 부엌이 굉장해 보였고, 밝고 깨끗했죠. 그리고 요리하기 훨씬 편해졌거든요. 집 전체를 전보다 더 좋게 만들어 줬어요.

| 마무리

옳은 결정
made the right decision

My parents definitely made the right decision. Now I wonder what changes I should make to my place.

저희 부모님은 확실히 옳은 결정을 하신 거죠. 우리집에는 어떤 변화를 줘야 할지 궁금해지네요.

고득점 어휘/표현

어휘/표현

decide to ~하기로 결정하다   move 이사하다   remodel 개조하다, 리모델링하다   in ~ shape ~한 상태인   complain 불평하다   good for ~에 알맞은   hire 고용하다   contractor 계약자, 도급업자   take 걸리다, 필요로 하다   eat out 외식하다   once ~하자마자, ~할 때   impressed 감동, 감명받은   bright 빛나는, 밝은   convenient 편리한   definitely 분명히, 확실히

STEP 5 나만의 OPIc 답변 만들어 보기

• 좋아하는 방

• 집에서의 일과

• 집에 준 변화

STEP1 기출 포인트 파악하기

가장 많이 나오는 3 COMBO 세트

❶ 좋아하는 국내 여행 장소

You indicated in the survey that you like to travel domestically. Tell me about some of the places you like to travel to and why you like going there.

당신은 국내에서 휴가를 보낸다고 했습니다. 여행 가기 좋아하는 장소가 어디인지, 왜 좋아하는지 말해주세요.

❷ 여행 가기 전 준비

Can you tell me about the things you do in order to prepare for trips?

여행 준비를 위해 당신이 준비하는 일들에 대해 말해 주시겠어요?

❸ 과거와 현재의 여행 비교와 어려워진 점

People say that traveling has become more difficult in the past 5 years. Tell me about the types of changes you have observed while traveling and talk about how these changes have affected travelers.

사람들은 지난 5년 동안 여행이 더 어려워졌다고 말합니다. 당신이 여행 중에 느낀 변화와 이러한 변화가 여행자들에게 어떤 영향을 미쳤는지 말해주세요.

오픽 꿀팁 추가 빈출 문제

어릴 때 갔던 여행
Tell me about some of the trips that you took in your youth. Where did you go? Who did you go with? And what did you do or see during those early trips?
어릴 때 갔던 여행에 대해 말해주세요. 어디를 갔고 누구와 갔나요? 무엇을 했거나 보았나요?

제시된 오늘의 어휘와 패턴을 익히고 답변에 사용하고자 하는 어휘나 패턴에 체크해보세요.

어휘

☐	국내 여행을 하다	travel domestically
☐	해변을 좋아하는 사람	beach person
☐	많은, 다수의	tons of
☐	마지막 순간에, 임박해서	at the last minute
☐	~에 따라	depending on ~
☐	~덕분에	thanks to ~
☐	유행병	pandemic
☐	해외 여행을 하다	travel abroad
☐	규제	regulation
☐	표를 예약하다	book a ticket
☐	사회적 거리두기	social distancing

패턴

• It is my favorite place to   내가 ~하기 좋아하는 장소이다

It is my favorite place to go in the summer.
제가 여름에 가기 좋아하는 장소예요.

_____ take pictures.
제가 사진 찍기 좋아하는 장소예요.

• be supposed to   ~하기로 되어 있다

We are not even supposed to travel, abroad or domestically.
우리는 해외나 국내로 여행할 수 조차 없게 됐어요.

I _____ book a ticket, but I couldn't.
저는 표를 예매하기로 되어 있었지만 그렇게 하지 못 했어요.

• I have a real problem with   나는 ~에 정말 문제가 있다

I have a real problem with procrastination.
저는 미루는 것에 정말 문제가 있어요.

_____ organizing things.
저는 물건 정리하는 것에 정말 문제가 있어요.

나만의 문장 만들기

주어진 우리말을 보고 빈칸을 채우고 아래 모범 답안을 확인해보세요.

❶ 좋아하는 국내 여행 장소 – 양양

매년 여름 해변 감, 양양	I go to the beach 　매년 여름　 and 　자주　 go to Yangyang.
해변에서 휴식 하면서 하루 종일 수영	We 　휴식하다　 the beach and swim all day.
나가서 해산물 먹음	We 　나가서 먹다　 delicious seafood.

❷ 여행 가기 전 준비

항상 결국 마지막에 짐 쌈	I always 　결국 ~하다　 packing at the last minute.
입을 옷 몇 벌 고름	I 　고르다　 a few outfits to wear.
마지막으로 세면도구 챙김	The last things I pack are 　세면도구　.

❸ 과거와 현재의 여행 비교와 어려워진 점 – 유행병

유행병이 훨씬 더 어렵게 만듦	The pandemic has made traveling 　훨씬 더 어려운　 recently.
해외, 국내로 여행 할 수 없음	We are not even supposed to travel 　해외에서　 or 　국내에서　.
국내에서 여행 가더라도 많은 규제	Even if we are traveling 　국내에서　, there are more 　규제　.

❹ 과거와 현재의 여행 비교와 어려워진 점 – 교통수단

표 예매하기 더 어려워짐	It is more difficult to 　표를 예매하다　.
기차, 버스 자주 운행하지 않음	Trains and buses 　운행하지 않다　 as often.
사회적 거리두기 위해 공석 남겨둬야 함	They have to leave 　공석　 for 　사회적 거리두기　.

모범 답안

❶ every summer / often / relax on / go out to eat
❷ end up / pick out / toiletries
❸ much more difficult / abroad / domestically / within the country / regulations
❹ book tickets / are not running / empty seats / social distancing

실전 문제를 듣고 아래 핵심 표현을 확인한 뒤 빈칸을 채우거나 소리내 말해보고 아래 정답을 확인해보세요.

🔊 MP3 3_9

Q5 좋아하는 국내 여행 장소

You indicated in the survey that you like to travel domestically. Tell me about some of the places you like to travel to and why you like going there.

당신은 국내에서 휴가를 보낸다고 했습니다. 여행 가기 좋아하는 장소가 어디인지, 왜 좋아하는지 말해주세요.

모범답변

| 도입부

I'm 확실히 해변에 가는 것을 좋아하는 사람 . And luckily, Korea has a lot of beaches.

저는 확실히 해변에 가는 것을 좋아하는 사람이에요. 그리고 다행히도, 한국에는 해변이 아주 많죠.

| 본문

I go to 해변에 매년 여름에 . My friends and I often go to Yangyang. It's 두 시간 정도 떨어진 from Seoul. There are several beaches in Yangyang, and they're all great in their own way. One beach is 여유롭고 조용한 , and another one is better for partying. There is 밤에 놀거리가 많은 there, and 많은 young people 좋은 시간을 보내는 . My friends and I 해변에서 휴식을 취하다 and swim all day, and then we ~을 먹으러 나가다 delicious seafood and enjoy the local party scene. But, Yangyang has 정말 유명해졌다 these days, so it can be too crowded. That's one 단점 , I guess.

저는 매년 여름에 해변으로 가요. 친구들과 주로 양양에 가죠. 서울에서 두 시간 정도 떨어져 있어요. 양양에는 해변이 몇 군데 있는데, 모두 나름대로 멋있어요. 어떤 해변은 여유롭고 조용하고 또 다른 곳은 파티를 하기 좋죠. 밤에 놀거리들이 아주 많고, 많은 젊은이들이 좋은 시간을 보내죠. 친구들과 저는 해변에서 휴식을 취하면서 하루 종일 수영을 했고, 맛있는 해산물을 먹으러 나갔고, 지역 파티 광경을 즐겼어요. 그런데, 요즘 양양은 정말 인기가 많아져서 많은 인파가 몰릴 수 있어요. 이게 한 가지 단점인 것 같아요.

| 마무리

Anyway, it's still my 가장 좋아하는 장소 to go in the summer.

그래도 양양은 여전히 제가 여름에 가기 좋아하는 장소예요.

모범답안

definitely a beach person / the beach every summer / about two hours away / chill and quiet / a lot of nightlife / tons of / having a good time / relax on the beach / go out to eat / become really popular / downside / favorite place

You indicated in the survey that you like to travel domestically. Tell me about some of the places you like to travel to and why you like going there.

당신은 국내에서 휴가를 보낸다고 했습니다. 여행 가기 좋아하는 장소가 어디인지, 왜 좋아하는지 말해주세요.

모범답변　　　　　　　　　　　　　　　　　　　　　　　　　🔊 MP3 3_10

| 도입부

해변을 좋아하는 사람
a beach person

I'm definitely a beach person. And luckily, Korea has a lot of beaches.

저는 확실히 해변에 가는 것을 좋아하는 사람이에요. 그리고 다행히도, 한국에는 해변이 아주 많죠.

| 본문

• 매년 여름 해변 감, 양양
go to the beach every summer, Yangyang

• 해변에서 휴식, 하루 종일 수영
relax on the beach, swim all day

• 인파 몰릴 수 있음
can be too crowded

I go to the beach every summer. My friends and I often go to Yangyang. It's about two hours away from Seoul. There are several beaches in Yangyang, and they're all great in their own way. One beach is chill and quiet, and another one is better for partying. There is a lot of nightlife there, and tons of young people having a good time. My friends and I relax on the beach and swim all day, and then we go out to eat delicious seafood and enjoy the local party scene. But, Yangyang has become really popular these days, so it can be too crowded. That's one downside, I guess.

저는 매년 여름에 해변으로 가요. 친구들과 주로 양양에 가죠. 서울에서 두 시간 정도 떨어져 있어요. 양양에는 해변이 몇 군데 있는데, 모두 나름대로 멋있어요. 어떤 해변은 여유롭고 조용하고 또 다른 곳은 파티를 하기 좋죠. 밤에 놀거리들이 아주 많고, 많은 젊은이들이 좋은 시간을 보내죠. 친구들과 저는 해변에서 휴식을 취하면서 하루 종일 수영을 했고, 맛있는 해산물을 먹으러 나갔고, 지역 파티 광경을 즐겼어요. 그런데, 요즘 양양은 정말 인기가 많아져서 많은 인파가 몰릴 수 있어요. 이게 한 가지 단점인 것 같아요.

| 마무리

• 여름에 가기 좋아하는 장소
favorite place to go in the summer

Anyway, it's still my favorite place to go in the summer.

그래도 양양은 여전히 제가 여름에 가기 좋아하는 장소예요.

고득점 어휘/표현

어휘/표현

luckily 운 좋게, 다행히도　several 몇몇의, 여러 가지의　in one's own way ~ 나름대로　chill 느긋한, 여유로운　quiet 조용한　nightlife 밤놀이, 야간에 할 수 있는 오락　tons of 많은　go out 나가다, 외출하다　local 지역의, 현지의　scene 경치, 광경　popular 인기 있는 crowded 붐비는, 복잡한　downside 불리한 면, 부정적인 면　favorite 좋아하는

Q6 여행 가기 전 준비

Can you tell me about the things you do in order to prepare for trips?

여행 준비를 위해 당신이 준비하는 일들에 대해 말해 주시겠어요?

모범답변

| 도입부

If I'm being honest, [저는 진짜 문제가 있어요] with procrastination. So, I always [~로 끝나다] packing for trips [마지막 순간에] . It drives my family crazy.

솔직히 말하자면, 저는 미루는 것에 진짜 문제가 있어요. 그래서 저는 항상 결국 마지막 순간에 여행을 위한 짐을 싸요. 이게 우리 가족들을 미치게 하죠.

| 본문

Luckily, I'm also [짐을 가볍게 싸는 사람] . I usually [많은 것을 가져가지 않는다] with me when I [여행을 가다] . I try to pack everything the night before, but sometimes I have to do it in the morning. First, I [~을 고르다] a few outfits to wear. I choose some different shirts, and then a pair of jeans or shorts, [~에 따라] the season. If I'm going to the beach, then I'll take [해변에서 필요한 용품] , too, like my swimsuit, towel, and sunglasses. The last things I pack are [세면도구] , so my toothbrush, shampoo, and [콘택트 렌즈 세척액] … stuff like that. I'll admit it, I always forget something small, like my [슬리퍼] or glasses.

다행히도, 저는 짐을 가볍게 싸는 사람이에요. 여행 갈 때는 보통 많은 것을 챙기지 않아요. 바로 전날 밤에 모든 것을 싸려고 하지만 어쩔 때는 당일 아침에 해야 할 때도 있어요. 우선, 입을 옷 몇 벌을 골라요. 다른 종류의 셔츠를 고르고, 그 다음엔 계절에 따라 청바지나 반바지 두어벌 정도로요. 만약 해변을 간다면, 수영복, 수건 그리고 선글라스처럼 해변에서 필요한 용품도 챙길 거예요. 가장 마지막으로 싸는 것은 세면도구예요. 칫솔, 샴푸 그리고 콘택트렌즈 용액 같은 것들요. 이건 인정해야 하는 데, 전 항상 슬리퍼나 안경 같은 작은 물건은 깜박해요.

| 마무리

Other than that, I [다시 확인하다] all my [예약들] on my phone, and then I'm [갈 준비가 다 된] .

이 외에, 핸드폰으로 모든 예약을 다시 한번 확인하면 갈 준비가 된 거예요.

모범답안

I have a real problem / end up / at the last minute / a light packer / don't take many things / go on a trip / pick out / depending on / beach stuff / toiletries / contact lens solution / flip-flops / double-check / reservations / good to go

Can you tell me about the things you do in order to prepare for trips?

여행 준비를 위해 당신이 준비하는 일들에 대해 말해 주시겠어요?

모범답변

🔊 MP3 3_12

| 도입부

항상 마지막에 짐 쌈
packing at the last minute

If I'm being honest, I have a real problem with procrastination. So, I always end up packing for trips at the last minute. It drives my family crazy.

솔직히 말하자면, 저는 미루는 것에 진짜 문제가 있어요. 그래서 저는 항상 결국 마지막 순간에 여행을 위한 짐을 싸요. 이게 우리 가족들을 미치게 하죠.

| 본문

• 가볍게 싸는 사람
 a light packet

• 다른 종류의 셔츠들, 바지/반바지, 해변 용품
 some different shirts, jeans or shorts, beach stuff

• 세면도구
 toiletries

Luckily, I'm also a light packer. I usually don't take many things with me when I go on a trip. I try to pack everything the night before, but sometimes I have to do it in the morning. First, I pick out a few outfits to wear. I choose some different shirts, and then a pair of jeans or shorts, depending on the season. If I'm going to the beach, then I'll take beach stuff, too, like my swimsuit, towel, and sunglasses. The last things I pack are toiletries, so my toothbrush, shampoo, and contact lens solution … stuff like that. I'll admit it, I always forget something small, like my flip-flops or glasses.

다행히도, 저는 짐을 가볍게 싸는 사람이에요. 여행 갈 때는 보통 많은 것을 챙기지 않아요. 바로 전날 밤에 모든 것을 싸려고 하지만 어쩔 때는 당일 아침에 해야 할 때도 있어요. 우선, 입을 옷 몇 벌을 골라요. 다른 종류의 셔츠를 고르고, 그 다음엔 계절에 따라 청바지나 반바지 두어벌 정도로요. 만약 해변을 간다면, 수영복, 수건 그리고 선글라스처럼 해변에서 필요한 용품도 챙길 거예요. 가장 마지막으로 싸는 것은 세면도구예요. 칫솔, 샴푸 그리고 콘택트렌즈 용액 같은 것들요. 이건 인정해야 하는 데, 전 항상 슬리퍼나 안경 같은 작은 물건은 깜박해요.

| 마무리

예약 재확인
double-check my reservations

Other than that, I double-check all my reservations on my phone, and then I'm good to go.

이 외에, 핸드폰으로 모든 예약을 다시 한번 확인하면 갈 준비가 된 거예요.

고득점 어휘/표현

어휘/표현

honest 정직한, 솔직한 procrastination 미루는 버릇, 꾸물거림 end up ~ 결국 ~하게 되다 drive ~한 상태에 빠뜨리다 usually 보통, 대개 try to ~ ~하려고 노력하다 pack 꾸리다, 싸다 pick out ~을 고르다, 선택하다 outfit 옷 different 서로 다른, 여러 가지의 swimsuit 수영복 toiletries 세면도구 solution 용액 admit 인정하다 flip-flop (끈이 달린)고무 샌들, 슬리퍼 other than ~ ~외에 reservation 예약

Q7 과거와 현재의 여행 비교와 어려워진 점

People say that traveling has become more difficult in the past 5 years. Tell me about the types of changes you have observed while traveling and talk about how these changes have affected travelers.

사람들은 지난 5년 동안 여행이 더 어려워졌다고 말합니다. 당신이 여행 중에 느낀 변화와 이러한 변화가 여행자들에게 어떤 영향을 미쳤는지 말해주세요.

모범답변

| 도입부

`일반적으로`, I would say that traveling has become easier `~덕분에` apps and `교통수단의 발전`. But the `유행병` has made traveling much more difficult recently.

일반적으로, 저는 여행이 앱과 교통수단의 발전 덕분에 더욱 쉬워졌다고 말하고 싶어요. 하지만, 유행병이 최근 여행하는 것을 훨씬 더 어렵게 만들었죠.

| 본문

`우선 그리고 가장 중요한 것은`, we are not even supposed to `여행하다`, `해외로` or domestically. Even if we are only traveling within the country, there are more `규제들`. For example, if I `여행 계획을 세우다`, I need to `제출하다` a special form for my company that tells them exactly where I'll be, `~할 경우를 대비해서` there's an outbreak. It's a `번거로운 일`, and it's a little `거슬리는`, too. Second, it's more difficult to `표를 예매하다` since fewer are available. Trains and buses `자주 운행하지 않는다`, and they also have to leave `빈 자리들` for `사회적 거리두기`.

우선 가장 중요한 것은, 우리는 해외나 국내로 여행을 할 수조차 없게 됐어요. 국내를 여행한다고 하더라도, 더 많은 규제들이 있거든요. 예를 들면, 제가 여행을 계획한다고 하면, 저는 회사에 제가 정확히 어디에 있을지 특정한 양식의 서류를 제출해야 해요. 감염이 발생할 경우를 대비해서죠. 번거롭기도 하고 조금 거슬리기도 하고요.

둘째로, 예약 가능한 표가 적어져서 예매하기가 더욱 어려워졌어요. 기차나 버스는 자주 운행하지 않는 데다가 사회적 거리두기를 위해 공석도 남겨 두어야 해요.

| 마무리

`이러한 이유로`, traveling is actually more difficult now.

이러한 이유로, 이제 여행은 사실상 더 어려워졌어요.

모범 답안

Normally / thanks to / improvements in transportation / pandemic / First and most importantly / travel / abroad / regulations / plan a trip / submit / in case / hassle / intrusive / book tickets / aren't running as often / empty seats / social distancing / For these reasons

People say that traveling has become more difficult in the past 5 years. Tell me about the types of changes you have observed while traveling and talk about how these changes have affected travelers.

사람들은 지난 5년 동안 여행이 더 어려워졌다고 말합니다. 당신이 여행 중에 느낀 변화와 이러한 변화가 여행자들에게 어떤 영향을 미쳤는지 말해주세요.

모범답변

🔊 MP3 3_14

| 도입부

유행병이 여행 어렵게 만듦
the pandemic has made traveling difficult

Normally, I would say that traveling has become easier thanks to apps and improvements in transportation. But the pandemic has made traveling much more difficult recently.

일반적으로, 저는 여행이 앱과 교통수단의 발전 덕분에 더욱 쉬워졌다고 말하고 싶어요. 하지만, 유행병이 최근 여행하는 것을 훨씬 더 어렵게 만들었죠.

| 본문

• 해외, 국내로 여행할 수 없게 됨
not supposed to travel abroad, domestically

• 더 많은 규제
more regulations

• 표 예매하기 힘듦
difficult to book tickets

First and most importantly, we are not even supposed to travel, abroad or domestically. Even if we are only traveling within the country, there are more regulations. For example, if I plan a trip, I need to submit a special form for my company that tells them exactly where I'll be, in case there's an outbreak. It's a hassle, and it's a little intrusive, too. Second, it's more difficult to book tickets since fewer are available. Trains and buses aren't running as often, and they also have to leave empty seats for social distancing.

우선 가장 중요한 것은, 우리는 해외나 국내로 여행을 할 수조차 없게 됐어요. 국내를 여행한다고 하더라도, 더 많은 규제들이 있거든요. 예를 들면, 제가 여행을 계획한다고 하면, 저는 회사에 제가 정확히 어디에 있을지 특정한 양식의 서류를 제출해야 해요. 감염이 발생할 경우를 대비해서죠. 번거롭기도 하고 조금 거슬리기도 하고요.
둘째로, 예약 가능한 표가 적어져서 예매하기가 더욱 어려워졌어요. 기차나 버스는 자주 운행하지 않는 데다가 사회적 거리두기를 위해 공석도 남겨 두어야 해요.

| 마무리

사실상 어려워 짐
actually more difficult

For these reasons, traveling is actually more difficult now.
이러한 이유들로, 이제 여행은 사실상 더 어려워졌어요.

고득점 어휘/표현

어휘/표현

thanks to ~덕분에   app 앱(어플리케이션)   improvement 개선, 향상   transportation 교통수단   recently 최근에   abroad 해외로   domestically 국내에서   regulation 규제, 규정   submit ~을 제출하다   form 서식, 문서 양식   exactly 정확히, 바로   outbreak 돌연한 발생, 급증   hassle 번거로운, 귀찮은   intrusive 거슬리는   social distancing 사회적 거리두기

• 좋아하는 국내 여행 장소

• 여행 가기 전 준비

• 과거와 현재의 여행 비교와 어려워진 점

STEP 1 기출 포인트 파악하기

가장 많이 나오는 3 COMBO 세트

❶ 자주 가는 은행

Let's talk about the bank you go to. Where is it located and what is it like? What do you do from the moment you walk into the bank till you walk out? How are the people who work at the bank? Tell me everything that goes on when you visit the bank.

당신이 가는 은행에 대해 이야기해 봅시다. 어디에 위치해 있고 어떻게 생겼나요? 은행에 들어가는 순간부터 나올 때까지 무엇을 하나요?

❷ 은행에서 겪었던 문제

Problems can occur when you're at the bank. Perhaps you could have forgotten to bring your ID. Talk about a problem you've personally had at a bank. What happened and how did you solve the problem?

당신이 은행에 있을 때 문제가 발생할 수 있습니다. 아마도 신분증을 가지고 가는 것을 잊었을 수도 있겠죠. 은행에서 개인적으로 있었던 일에 대해 이야기해주세요. 무슨 일이 있었고 어떻게 그 문제를 해결했나요?

❸ 과거와 현재의 은행 변화

Banks have changed over the years. How do banks look different than they did in the past? What kinds of changes are the most evident? What kind of impact have those changes had on the customers? Give me all the details.

세월이 흐르면서 은행은 변화했습니다. 은행은 과거에 비해 어떻게 달라졌나요? 어떤 종류의 변화가 가장 뚜렷한가요? 고객들에게 어떤 종류의 영향을 미쳤나요? 자세히 말해주세요.

제시된 오늘의 어휘와 패턴을 익히고 답변에 사용하고자 하는 어휘나 패턴에 체크해보세요.

어휘

☐	(잠깐) 들르다	stop in
☐	개인 비밀번호	PIN number
☐	해지하다	cancel
☐	실물 화폐	physical money
☐	예금하다, 예치하다	deposit
☐	인출하다	withdraw
☐	금전 등록기	cash register
☐	금고	vault
☐	은행 창구 직원	teller
☐	계좌	account
☐	대출	loan

패턴

• have no idea what to do because   ~ 때문에 어떻게 해야 할 지 모르다

He had no idea what to do because the bank was closed.
그는 은행이 문을 닫아서 어떻게 해야 할 지 몰랐어요.
I _____ the queue for bank services is really long.
저는 은행 업무를 위한 줄이 정말 길어서 어떻게 해야 할 지 몰랐어요.

• The biggest change is that   가장 큰 변화는 ~ 이다

The biggest change is that banks used to deal a lot more with physical money.
가장 큰 변화는 예전에는 은행에서 실물 화폐를 다루는 일이 많았었다는 거예요.
_____ customers don't visit bank as much as they did in the past.
가장 큰 변화는 고객들이 과거만큼 은행에 방문하지는 않는다는 거예요.

• be very common in   ~에 매우 흔하다

Banks are very common in my city.
제가 살고 있는 도시에는 은행이 매우 흔해요.
Online banking _____ my country.
우리나라에서는 온라인 뱅킹이 매우 흔해요.

나만의 문장 만들기

주어진 우리말을 보고 빈칸을 채우고 아래 모범 답안을 확인해보세요.

❶ 자주 가는 은행

조금만 걸어가면 됨	The one I go to is 　조금만 걸음　 from my apartment.
가서 기계에서 번호 뽑고 기다림	I go there and 　기계에서 번호를 뽑다　 in the lobby.
은행 업무 봄	I do some 　은행 업무　 .

❷ 은행에서 겪었던 문제 – 상황

친구가 ATM에서 현금 인출하고 싶어함	My friend wanted to 　현금을 인출하다　 out of an ATM.
비밀번호 기억 못 함	He couldn't remember his 　비밀번호　 .
기계가 카드 돌려주지 않음	The machine 　돌려주지 않았다　 his card.

❸ 과거와 현재의 은행 변화

과거: 현금 인출 / 예금	Customers visited the bank to 　인출　 or 　예치　 cash.
현재: 현금 사용 거의 없음	People 　거의 ~않다　 use cash.
현재: 창구 직원에게 일대일로 말함	Customers talk to a 　은행 창구 직원　 　일대일　 .

모범답안

❶ a short walk / take a number from the machine / bank services
❷ get some cash / PIN number / didn't give back
❸ withdraw / deposit / rarely / teller / one-on-one

실전 문제를 듣고 아래 핵심 표현을 확인한 뒤 빈칸을 채우거나 소리내 말해보고 아래 정답을 확인해보세요.

🔊 MP3 3_15

Q8 자주 가는 은행

Let's talk about the bank you go to. Where is it located and what is it like? What do you do from the moment you walk into the bank till you walk out? How are the people who work at the bank? Tell me everything that goes on when you visit the bank.

당신이 가는 은행에 대해 이야기해 봅시다. 어디에 위치해 있고 어떻게 생겼나요? 은행에 들어가는 순간부터 나올 때까지 무엇을 하나요? 은행에서 일하는 사람들은 어떤가요? 당신이 은행에 방문할 때 일어나는 모든 것에 대해 말해주세요.

모범답변

│도입부

Banks are very [흔한] in my city. You can find them on any [번화한 거리]. The one I go to is a [조금만 걸어감] from my apartment.

제가 살고 있는 도시에는 은행이 매우 흔해요. 어떤 번화가에 가도 찾을 수 있죠. 제가 가는 곳은 우리 아파트에서 조금만 걸어가면 돼요.

│본문

It's also [~사이에] my home and the subway station, so I can [쉽게 들르다] when I'm on my way [어딘가로]. But, when I'd like to ask about [투자 옵션] in person, I go there and [번호를 뽑다] from the machine in the lobby. When my number is called, I find my bank tellers and do some [은행 업무]. They know exactly how to help me. Then, once I'm done, I leave [곧장]. Maybe I'll get some of cash out of the ATM, but I don't really use cash these days.

지하철 역과 집 사이에 있기도 해서 제가 어디 가는 길에 쉽게 들를 수 있어요. 하지만 제가 투자 옵션에 대해 직접 물어보고 싶을 때, 그곳에 가서 로비에서 번호를 뽑습니다. 제 번호가 불러지면 은행 창구 직원을 찾고 은행 업무를 봐요. 그들은 어떤 식으로 저를 도와줘야 할 지 정확히 알죠. 그리고 볼 일을 마치면 곧장 집으로 가요. 어쩌면 현금 자동 입출금기에서 현금을 좀 인출하기도 하는데, 요즘 현금을 거의 사용하지 않긴 해요.

│마무리

That's it. I don't know [또 다른 어떤 것을 얘기해야 할지] about my bank.

그게 다예요. 제가 가는 은행에 대해서 또 다른 어떤 것들을 얘기해야 할지 모르겠어요.

모범답안

common / busy street / short walk / between / easily stop in / somewhere / investment options / take a number / bank services / right away / what else to say

Let's talk about the bank you go to. Where is it located and what is it like? What do you do from the moment you walk into the bank till you walk out? How are the people who work at the bank? Tell me everything that goes on when you visit the bank.

당신이 가는 은행에 대해 이야기해 봅시다. 어디에 위치해 있고 어떻게 생겼나요? 은행에 들어가는 순간부터 나올 때까지 무엇을 하나요? 은행에서 일하는 사람들은 어떤가요? 당신이 은행에 방문할 때 일어나는 모든 것에 대해 말해주세요.

모범답변

🔊 MP3 3_16

| 도입부

조금만 걸어가면 됨
a short walk

Banks are very common in my city. You can find them on any busy street. The one I go to is a short walk from my apartment.

제가 살고 있는 도시에는 은행이 매우 흔해요. 어떤 번화가에 가도 찾을 수 있죠. 제가 가는 곳은 우리 아파트에서 조금만 걸어가면 돼요.

| 본문

• 쉽게 들를 수 있음
  easily stop in

• 가서 기계에서 번호 뽑고 기다림
  take a number from the machine

• 은행 업무 봄
  do some bank services

It's also between my home and the subway station, so I can easily stop in when I'm on my way somewhere. But, when I'd like to ask about investment options in person, I go there and take a number from the machine in the lobby. When my number is called, I find my bank tellers and do some bank services. They know exactly how to help me. Then, once I'm done, I leave right away. Maybe I'll get some cash out of the ATM, but I don't really use cash these days.

지하철 역과 집 사이에 있기도 해서 제가 어디 가는 길에 쉽게 들를 수 있어요. 하지만 제가 투자 옵션에 대해 직접 물어보고 싶을 때, 그곳에 가서 로비에서 번호를 뽑습니다. 제 번호가 불러지면 은행 창구 직원을 찾고 은행 업무를 봐요. 그들은 어떤 식으로 저를 도와줘야 할 지 정확히 알죠. 그리고 볼 일을 마치면 곧장 집으로 가요. 어쩌면 현금 자동 입출금기에서 현금을 좀 인출하기도 하는데, 요즘 현금을 거의 사용하지 않긴 해요.

| 마무리

이게 다임
that's it

That's it. I don't know what else to say about my bank.

그게 다예요. 제가 가는 은행에 대해서 또 다른 어떤 것들을 얘기해야 할지 모르겠어요.

고득점 어휘/표현

어휘/표현

common 흔한   busy 번화한, 붐비는   walk 보행 거리   apartment 아파트   subway station 지하철역   easily 쉽게   stop in (잠깐) 들르다   on one's way 가는 길에   investment option 투자 옵션   teller 은행 창구 직원, 은행원   exactly 정확히, 바로   once 일단 ~하면, ~한 때   leave 떠나다   right away 곧바로, 곧장   ATM 현금 자동 입출금기

Q9 은행에서 겪었던 문제

Problems can occur when you're at the bank. Perhaps you could have forgotten to bring your ID. Talk about a problem you've personally had at a bank. What happened and how did you solve the problem?

당신이 은행에 있을 때 문제가 발생할 수 있습니다. 아마도 신분증을 가지고 가는 것을 잊었을 수도 있겠죠. 은행에서 개인적으로 있었던 일에 대해 이야기해주세요. 무슨 일이 있었고 어떻게 그 문제를 해결했나요?

모범답변

| 도입부

I'm sure I 신분증을 잊어버렸다 once or twice, but I can't remember. My friend had a problem once, though, and I was with him.

분명히 한 두 번 정도 신분증을 까먹은 적이 있는데 기억이 안 나네요. 그래도 제 친구가 문제가 있었던 적이 있었는데요 제가 같이 있었어요.

| 본문

It was late, and my friend and I were 막 집에 가려던 참인 . But he wanted to get some cash out of an 자동 입출금기 . The machine was ~의 앞에 a bank, and it was closed for the night. 무슨 이유 때문인지 , my friend couldn't remember his 개인 비밀번호 . Maybe he was drunk. 문제는 , 우리 중 누구도 ~ 않다 knew that if you enter the wrong PIN five times, the ATM keeps your card. So, the machine didn't give back his card. He had 어떻게 해야 할 지 모르는 because the bank was closed. His card was just gone, and he had to 아침까지 기다리다 to do anything. Maybe he just 해지했다 it and got a new one.

늦은 시간이었고, 친구와 저는 집에 가려던 참이었어요. 그런데 그는 ATM에서 약간의 현금을 인출하고 싶어했죠. 기계는 은행 앞에 있었고 은행은 밤이라 문을 닫았죠. 무슨 이유 때문인지 제 친구가 개인 비밀번호를 기억하지 못했어요. 아마 취했었나 봐요. 근데 문제는 잘못된 비밀번호를 5번 입력하면 ATM이 카드를 보관한다는 것을 우리 둘 다 몰랐다는 거예요. 그래서 그 기계는 그의 카드를 돌려주지 않았어요. 그는 은행이 문을 닫아서 어떻게 해야 할지 몰랐어요. 그의 카드가 그냥 없어져 버렸고 아무것도 못한 채 아침까지 기다려야만 했어요. 아마 그냥 해지하고 새로운 카드를 받았을 거예요.

| 마무리

그게 유일한 상황이다 I can think of right now, Ava.

제가 지금 생각 할 수 있는 상황은 이것밖에 없네요. 에바.

모범답안

forgot my ID / about to go home / ATM / in front of / For some reason / PIN number / The thing is / neither of us / no idea what to do / wait until morning / canceled / That's the only situation

Q9 은행에서 겪었던 문제

Problems can occur when you're at the bank. Perhaps you could have forgotten to bring your ID. Talk about a problem you've personally had at a bank. What happened and how did you solve the problem?

당신이 은행에 있을 때 문제가 발생할 수 있습니다. 아마도 신분증을 가지고 가는 것을 잊었을 수도 있겠죠. 은행에서 개인적으로 있었던 일에 대해 이야기해주세요. 무슨 일이 있었고 어떻게 그 문제를 해결했나요?

모범답변

( ) MP3 3_18

| 도입부

내 친구가 문제 있었던 적 있음
My friend had a problem once

I'm sure I forgot my ID once or twice, but I can't remember. My friend had a problem once, though, and I was with him.

분명히 한 두 번 정도 신분증을 까먹은 적이 있는데 기억이 안 나네요. 그래도 제 친구가 문제가 있었던 적이 있었는데요 제가 같이 있었어요.

| 본문

• 친구가 ATM에서 현금 인출하고 싶어 함
get some cash out of an ATM

• 비밀번호 기억 못 함
couldn't remember his PIN number

• 기계가 카드 안 돌려줌
the machine didn't give his card back

It was late, and my friend and I were about to go home. But he wanted to get some cash out of an ATM . The machine was in front of a bank, and it was closed for the night. For some reason, my friend couldn't remember his PIN number. Maybe he was drunk. The thing is, neither of us knew that if you enter the wrong PIN five times, the ATM keeps your card. So, the machine didn't give back his card. He had no idea what to do because the bank was closed. His card was just gone, and he had to wait until morning to do anything. Maybe he just canceled it and got a new one.

늦은 시간이었고, 친구와 저는 집에 가려던 참이었어요. 그런데 그는 ATM에서 약간의 현금을 인출하고 싶어했죠. 기계는 은행 앞에 있었고 은행은 밤이라 문을 닫았죠. 무슨 이유 때문인지 제 친구는 개인 비밀번호를 기억하지 못했어요. 아마 취했나 봐요. 근데 문제는 잘못된 비밀번호를 5번 입력하면 ATM이 카드를 보관한다는 것을 우리 둘 다 몰랐다는 거예요. 그래서 그 기계는 그의 카드를 돌려주지 않았어요. 그는 은행이 문을 닫아서 어떻게 해야 할 지 몰랐어요. 그의 카드가 그냥 없어져 버렸고 아무것도 못한 채 아침까지 기다려야만 했어요. 아마 그냥 해지하고 새로운 카드를 받았을 거예요.

| 마무리

지금 생각할 수 있는 건 이것 밖에 없음
the only situation I can think of right now

That's the only situation I can think of right now, Ava.

제가 지금 생각 할 수 있는 상황은 이것 밖에 없네요. 에바.

고득점 어휘/표현

어휘/표현

come up 발생하다, 생기다 bring 가져가다 document 서류 resolve 해결하다 be about to 막 ~하려는 참이다 for some reason 어떤 이유에선지, 무슨 이유로 drunk 술 취한 the thing is 중요한 건, 사실은 enter 입력하다 give back ~을 돌려주다

Q10 과거와 현재의 은행 변화

Banks have changed over the years. How do banks look different than they did in the past? What kinds of changes are the most evident? What kind of impact have those changes had on the customers? Give me all the details.

세월이 흐르면서 은행은 변화했습니다. 은행은 과거에 비해 어떻게 달라졌나요? 어떤 종류의 변화가 가장 뚜렷한가요? 고객들에게 어떤 종류의 영향을 미쳤나요? 자세히 말해주세요.

모범답변

| 도입부

Like every other industry, banking had to 새로운 기술에 적응하다 , so banks changed a lot.

다른 모든 산업과 마찬가지로, 은행도 새로운 기술에 적응해야 했고 그래서 은행도 많은 것이 변했습니다.

| 본문

The biggest change is that banks used to deal a lot more with 실물 화폐 . Customers visited the bank to 인출하다 or 예치하다 cash, or 수표를 현금으로 바꾸기 위해서 . However, people 현금을 거의 사용하지 않는다 now, and 온라인 이체 have almost entirely replaced checks. And this change 영향을 미쳤다 how banks look. In the past, banks had 금전 등록기들 , and even 금고들 that held a lot of money. But nowadays, customers only need to talk to a 은행 창구 직원 1대1로 about their 계좌들 , or they meet with a manager about a 대출 . So, there are big waiting areas and desks where customers meet with tellers.

가장 큰 변화는 예전에는 은행에서 실물 화폐를 다루는 일이 많았다는 거예요. 고객들은 은행에 방문해서 현금을 인출하거나 예치하였고 혹은 수표를 현금으로 바꿨어요. 하지만, 사람들은 요즘 현금을 거의 사용하지 않고, 온라인 이체가 거의 완전히 수표를 대체하게 되었어요. 그리고 이러한 변화는 은행이 어떻게 보이는 지에도 영향을 미쳤죠. 과거에는 은행에 많은 현금을 보관하는 금전 등록기가 있었고, 심지어 금고도 있었어요. 하지만 요즘 고객들은 은행 창구 직원에게 일대일로 그들의 계좌에 대해 말하기만 하면 되고, 혹은 대출 관련으로 매니저를 만나요. 그래서 큰 대기 장소가 있고, 은행 창구 직원들과 만나는 책상들이 있어요.

| 마무리

These are a few changes that I can think of, but there are more.

제가 생각할 수 있는 몇 가지 변화인데, 더 있을 거예요.

모범 답안

adapt to new technologies / physical money / withdraw / deposit / to cash checks / rarely use cash / electronic transfers / has influenced / cash registers / vaults / teller one-on-one / accounts / loan

Banks have changed over the years. How do banks look different than they did in the past? What kinds of changes are the most evident? What kind of impact have those changes had on the customers? Give me all the details.

세월이 흐르면서 은행은 변화했습니다. 은행은 과거에 비해 어떻게 달라졌나요? 어떤 종류의 변화가 가장 뚜렷한가요? 고객들에게 어떤 종류의 영향을 미쳤나요? 자세히 말해주세요.

모범답변   🔊 MP3 3_20

| 도입부

많은 것이 변함
changed a lot

> Like every other industry, banking had to adapt to new technologies, so banks changed a lot.
>
> 다른 모든 산업과 마찬가지로, 은행도 새로운 기술에 적응해야 했고 그래서 은행도 많은 것이 변했습니다.

| 본문

• 예전에는 실물 화폐 다루는 일 많았음
  used to deal a lot more with physical money

• 현금 인출, 예치
  withdraw, deposit money

• 요즘은 현금 사용 거의 없음
  rarely use cash now

• 창구 직원에게 1대1로 말함
  talk to a teller one-on-one

> The biggest change is that banks used to deal a lot more with physical money. Customers visited the bank to withdraw or deposit cash, or to cash checks. However, people rarely use cash now, and electronic transfers have almost entirely replaced checks. And this change has influenced how banks look. In the past, banks had cash registers, and even vaults that held a lot of money. But nowadays, customers only need to talk to a teller one-on-one about their accounts, or they meet with a manager about a loan. So, there are big waiting areas and desks where customers meet with tellers.
>
> 가장 큰 변화는 예전에는 은행에서 실물 화폐를 다루는 일이 많았었다는 거예요. 고객들은 은행에 방문해서 현금을 인출하거나 예치하였고 혹은 수표를 현금으로 바꿨어요. 하지만, 사람들은 요즘 현금을 거의 사용하지 않고, 온라인 이체가 거의 완전히 수표를 대체하게 되었어요. 그리고 이러한 변화는 은행이 어떻게 보이는 지에도 영향을 미쳤죠. 과거-에는 은행에 많은 현금을 보관하는 금전 등록기가 있었고, 심지어 금고도 있었어요. 하지만 요즘 고객들은 은행 창구 직원에게 일대일로 그들의 계좌에 대해 말하기만 하면 되고, 혹은 대출 관련으로 매니저를 만나요. 그래서 큰 대기 장소가 있고, 은행 창구 직원들과 만나는 책상들이 있어요.

| 마무리

이것이 몇가지 변화
these are a few changes

> These are a few changes that I can think of, but there are more.
>
> 제가 생각할 수 있는 몇 가지 변화인데, 더 있을 거예요.

고득점 어휘/표현

어휘/표현

impact ~ 에 영향을 주다   industry 산업   adapt to ~에 적응하다   technology 기술   deal with ~을 다루다, 처리하다   physical 물질적인   withdraw 인출하다   deposit 예금하다, 예치하다   rarely 거의 ~않는다   entirely 완전히, 아주   replace 대체하다   influence ~에 영향을 미치다   cash register 금전 등록기   vault 금고   hold 가지고 있다, 보유하다   nowadays 요즘에는   account 계좌   loan 대출

• 자주 가는 은행

• 은행에서 겪었던 문제

• 과거와 현재의 은행 변화

STEP1 기출 포인트 파악하기

가장 많이 나오는 3 COMBO 세트

❶ 영화 관람 약속 질문

I'd like to give you a situation to act out. You have made plans to see a movie with your friend. Call your friend and ask three to four questions about your plans to see a movie.

당신에게 주어진 상황에 대해 역할극을 해주세요. 당신은 친구와 영화를 볼 계획을 세웠습니다. 친구에게 전화해서 영화를 보기 위한 당신의 계획에 관해 서너 가지 질문을 해주세요.

❷ 친구와의 약속 취소 상황 문제 해결

I'm sorry, but there is a problem I need you to resolve. You were planning to see a movie with your friend, but something came up at the last minute. Call your friend, explain the situation, and provide two to three alternatives.

유감스럽게도, 당신이 해결해야 할 문제가 있습니다. 당신은 친구와 영화를 보러 가기로 계획했는데 시간이 다 돼서 어떤 일이 생겼습니다. 친구에게 전화해서 그 상황을 설명하고, 두세 가지 대안을 제시해 주세요.

❸ 약속 취소 경험

That's the end of the situation. Have you ever had to cancel your plans to see a movie with a friend? Why did you have to cancel? How did you feel about it? How did your friend react? Tell me as much as you can.

상황극이 종료 되었습니다. 친구와 영화 보러 가기로 한 계획을 취소해야만 했던 적이 있나요? 왜 취소 해야만 했나요? 그것과 관련해 기분이 어땠나요? 친구의 반응은 어땠나요? 최대한 할 수 있는 만큼 말해주세요.

오픽 꿀팁 추가 빈출 문제

영화관에서 잘못 예매한 표 문제 해결
I'm sorry but there is a problem I need you to resolve. You have purchased wrong tickets from the movie theater. Go to the box office and talk to the person about your situation and provide two to three suggestions to solve the problem.
유감스럽게도, 당신이 해결해야 할 문제가 있습니다. 당신은 영화관에서 잘못된 표를 구매했습니다. 매표소로 가서 담당자에게 당신의 상황에 대해 말하고 문제를 해결하기 위한 두세 가지 대안을 제시해 주세요.

어휘와 패턴 익히기

제시된 오늘의 어휘와 패턴을 익히고 답변에 사용하고자 하는 어휘나 패턴에 체크해보세요.

어휘

☐	영화를 보러 가다	go to see a movie
☐	~에 마음이 내켜서	in the mood for
☐	나중에, 그 뒤에	afterwards
☐	영화관	movie theater
☐	(하려던 일에서) 빠지다	back out
☐	환불 받다	get a refund
☐	취향, 기호	taste
☐	~광, 애호가	buff
☐	예고편	trailer
☐	줄거리	storyline
☐	반전	twist
☐	상영 시간	running time

패턴

• **What kind of ~ do you want to?**　너는 어떤 종류의 ~을 ~ 하고 싶어?

What kind of movie do you want to see?
너는 어떤 종류의 영화를 보고 싶어?

_____ food _____ eat?
너는 어떤 종류의 음식을 먹고 싶어?

• **I would rather**　나는 차라리 ~ 하고 싶다, 하겠다

I would rather see something lighthearted and fun.
저는 차라리 마음이 편하거나 재밌는 걸 보는 게 좋아요.

_____ cancel movie tickets.
저는 차라리 영화표를 취소 하고 싶어요.

• **I'm afraid**　유감이지만 ~이다

I'm afraid something has come up.
유감이지만 내가 일이 생겨버렸어.

_____ I'm not feeling well.
유감이지만 내가 몸이 안 좋은 것 같아.

주어진 우리말을 보고 빈칸을 채우고 아래 모범 답안을 확인해보세요.

❶ 영화 관람 약속 질문

어떤 영화 보고 싶어?	어떤 종류의 movie do you want to see?
영화 전/후에 뭔가 먹고 싶어?	Do you want to get something to eat 전에 the movie, or 후에 ?
어디서 만날까?	Where should we 만나다 ?

❷ 친구와의 약속 취소 상황 문제 해결

다른 사람에게 내 표 줄 수 있어	I could 내 표를 주다 to another somebody else.
표 값 갚도록 해줘	Let me 너에게 갚아 주다 for your ticket.
돈 손해보면 안 될 것 같아	You shouldn't 손해보다 your money because of me.

❸ 약속 취소 경험

마음 편하거나 재미있는 걸 보는 게 좋음	I would rather see something 마음이 편한 and 재미있는 .
공포영화 보러 가기로 함	We made our plans to see 공포 영화 .
예고편 봤는데 너무 섬뜩	I watched 예고편 , and it was enough to creep me out.

모범답안

❶ What kind of / before / afterwards / meet
❷ give my ticket / pay you back / lose
❸ lighthearted / fun / a horror movie / the trailer

실전 문제를 듣고 아래 핵심 표현을 확인한 뒤 빈칸을 채우거나 소리내 말해보고 아래 정답을 확인해보세요.

◀)) MP3 3_21

Q11 영화 관람 약속 질문

I'd like to give you a situation to act out. You have made plans to see a movie with your friend. Call your friend and ask three to four questions about your plans to see a movie.

당신에게 주어진 상황에 대해 역할극을 해주세요. 당신은 친구와 영화를 볼 계획을 세웠습니다. 친구에게 전화해서 영화를 보기 위한 당신의 계획에 관해 서너 가지 질문을 해주세요.

모범답변

| 도입부

Hi, Eunhye. It's me, Hannah. Are we still going to see a movie later? Great! I called to ask you [몇 가지 질문들] about our plans.

은혜야 안녕, 나야, 한나. 우리 이따가 영화 보러 가는 거 맞지? 좋아! 우리 계획과 관련해서 몇 가지 물어보려고 전화했어.

| 본문

First, what kind of movie do you want to see? Are you [마음이 내키는] for a comedy? I know a lot of good [영화들이 상영 중이다] right now, so I'll be fine with anything. [너에게 달렸어]. Second, what should we do about food? Do you want to get something to eat [영화 전에], or [그 뒤에]? If you want, we can also get some snacks to eat during the movie, like popcorn and hot dogs. Finally, where should we meet? I'm planning to [지하철을 타다]. If you are too, then we can meet [역에서] and [영화관으로 같이 걸어가자]. Or, we can go to a restaurant near the station.

먼저, 어떤 종류의 영화를 보고 싶어? 코미디 영화가 내키니? 지금 많은 좋은 영화들이 상영하고 있는 걸로 알고 있으니 난 아무거나 괜찮아. 네가 결정하는 거로 하자. 둘째로, 먹을 것은 어떻게 할까? 영화 전에 뭔가를 먹을까 아니면 끝나고 먹을까? 만약 네가 원한다면 영화를 볼 동안에 먹을 팝콘이나 핫도그 같은 스낵을 살 수도 있어. 마지막으로, 우리 어디에서 만날까? 난 지하철을 탈 계획이야. 만약 너도 그렇다면, 역에서 만나서 같이 영화관으로 걸어가자. 아니면, 역 근처에 있는 식당을 갈 수 있어.

| 마무리

Let me know what you think. I can't wait to see you!

어떻게 생각하는 지 알려줘. 빨리 보고 싶다!

모범 답안

a few questions / in the mood / films are playing / It's up to you / before the movie / afterwards / take the subway / at the station / walk to the movie theater together

Q11 **영화 관람 약속 질문**

I'd like to give you a situation to act out. You have made plans to see a movie with your friend. Call your friend and ask three to four questions about your plans to see a movie.

당신에게 주어진 상황에 대해 역할극을 해주세요. 당신은 친구와 영화를 볼 계획을 세웠습니다. 친구에게 전화해서 영화를 보기 위한 당신의 계획에 관해 서너 가지 질문을 해주세요.

모범답변 🔊 MP3 3_22

| 도입부

몇 가지 질문하려고 전화
called to ask a few questions

Hi, Eunhye. It's me, Hannah. Are we still going to see a movie later? Great! I called to ask you a few questions about our plans.

은혜야 안녕, 나야, 한나. 우리 이따가 영화 보러 가는 거 맞지? 좋아! 우리 계획과 관련해서 몇 가지 물어보려고 전화했어.

| 본문

• 어떤 영화 보고 싶어?
 what kind of movie

• 먹을 건 어떻게 할까?
 what should we do about food

• 어디서 만나지?
 where should we meet

First, what kind of movie do you want to see? Are you in the mood for a comedy? I know a lot of good films are playing right now, so I'll be fine with anything. It's up to you. Second, what should we do about food? Do you want to get something to eat before the movie, or afterwards? If you want, we can also get some snacks to eat during the movie, like popcorn and hot dogs. Finally, where should we meet? I'm planning to take the subway. If you are too, then we can meet at the station and walk to the movie theater together. Or, we can go to a restaurant near the station.

먼저, 어떤 종류의 영화를 보고 싶어? 코미디 영화가 내키니? 지금 좋은 영화들이 많이 상영되고 있는 걸로 알고 있으니까 난 아무거나 괜찮아. 네가 결정하는 거로 하자. 둘째로, 먹을 것은 어떻게 할까? 영화 전에 뭔가를 먹을까 아니면 끝나고 먹을까? 만약 네가 원한다면 영화를 볼 동안에 먹을 팝콘이나 핫도그 같은 스낵을 살 수도 있어. 마지막으로, 우리 어디에서 만날까? 난 지하철을 탈 계획이야. 만약 너도 그렇다면, 역에서 만나서 같이 영화관으로 걸어가자. 아니면, 역 근처에 있는 식당을 갈 수 있어.

| 마무리

어떻게 생각하는 지
what you think

Let me know what you think. I can't wait to see you!

어떻게 생각하는 지 알려줘. 빨리 보고 싶다!

고득점 어휘/표현

어휘/표현

act out 실제로 연기하다, 연출하다 still 여전히, 아직 later 나중에 ask 물어보다 in the mood for ~에 마음이 내켜서, ~할 기분이 되어
comedy 코미디, 희극 afterwards 나중에, 그 뒤에

Q12 친구와의 약속 취소 상황 문제 해결

I'm sorry, but there is a problem I need you to resolve. You were planning to see a movie with your friend, but something came up at the last minute. Call your friend, explain the situation, and provide two to three alternatives.

유감스럽게도, 당신이 해결해야 할 문제가 있습니다. 당신은 친구와 영화를 보러 가기로 계획했는데 시간이 다 돼서 어떤 일이 생겼습니다. 친구에게 전화해서 그 상황을 설명하고, 두세 가지 대안을 제시해 주세요.

모범답변

| 도입부

Hi, Eunhye. I know we're supposed to see a movie together tonight, but I'm [유감으로 생각하다] something has [생기다]. I won't be able to make it. I'm sorry.

은혜야, 안녕. 우리가 오늘 밤에 같이 영화를 보러 가기로 되어있었는데 유감이지만 내가 일이 생겨버렸어. 오늘 못 만날 것 같아. 미안해.

| 본문

I really hate [빠지는 것] at the last minute like this. I'm so sorry. But, maybe I can give you [몇가지 대안들]. How about I [내 표를 다른 사람한테 주는 건]? If you still want to see a movie, then I could give my ticket to another one of our friends, if they're available. Then you will still have someone to see the movie with. Let's see… if that doesn't work, then how about I [너에게 돈을 주는 건] for your ticket? I think it's [취소하기에는 너무 늦은] our tickets and [환불받다], and that isn't fair to you. So, let me pay you back for your ticket. You shouldn't lose your money [나 때문에].

이렇게 막판에 취소하는 거 나도 정말 싫어. 정말 미안해. 근데, 내가 아마 몇 가지 다른 대안을 줄 수 있을 것 같아. 내 표를 다른 사람에게 주는 건 어떨까? 네가 여전히 영화를 보고 싶다면 내가 우리 친구들 중 한 명에게 줄 수 있어. 걔들이 가능하다면 말이지. 그러면 넌 아직 영화를 같이 보러 갈 누군가가 있는거지. 보자… 만약 그게 안 되면, 네 표 값을 내가 주는 건 어때? 취소하거나 환불 받기에는 너무 늦은 것 같아. 그리고 너 한테 공평하지 않은 것 같아. 그래서, 내가 표 값은 갚도록 해줘. 나 때문에 네 돈을 손해보면 안 될 것 같아.

| 마무리

If there's anything else you can think of, let me know. Again, [정말 미안해].

다른 대안이 생각 난다면, 알려줘. 다시 한번 정말 미안해.

모범답안

afraid / come up / backing out / some alternatives / give my ticket to somebody else / give you some money / too late to cancel / get a refund / because of me / I'm so sorry

I'm sorry, but there is a problem I need you to resolve. You were planning to see a movie with your friend, but something came up at the last minute. Call your friend, explain the situation, and provide two to three alternatives.

유감스럽게도, 당신이 해결해야 할 문제가 있습니다. 당신은 친구와 영화를 보러 가기로 계획했는데 시간이 다 돼서 어떤 일이 생겼습니다. 친구에게 전화해서 그 상황을 설명하고, 두세 가지 대안을 제시해 주세요.

모범답변

MP3 3_24

| 도입부

일이 생겨 버림
something has come up

Hi, Eunhye. I know we're supposed to see a movie together tonight, but I'm afraid something has come up. I won't be able to make it. I'm sorry.

은혜야, 안녕. 우리가 오늘 밤에 같이 영화를 보러 가기로 되어있었는데 유감이지만 내가 일이 생겨버렸어. 오늘 못 만날 것 같아. 미안해.

| 본문

- 몇 가지 대안 줄 수 있음
  give some alternatives
- 다른 사람에게 내 표 주기
  give my ticket to somebody else
- 표 값 내주기
  pay you back for your ticket

I really hate backing out at the last minute like this. I'm so sorry. But, maybe I can give you some alternatives. How about I give my ticket to somebody else? If you still want to see a movie, then I could give my ticket to another one of our friends, if they're available. Then you will still have someone to see the movie with. Let's see… if that doesn't work, then how about I give you some money for your ticket? I think it's too late to cancel our tickets and get a refund, and that isn't fair to you. So, let me pay you back for your ticket. You shouldn't lose your money because of me.

이렇게 막판에 취소하는 거 나도 정말 싫다. 정말 미안해. 근데, 내가 아마 몇 가지 다른 대안을 줄 수 있을 것 같아. 내 표를 다른 사람에게 주는 건 어떨까? 네가 여전히 영화를 보고 싶다면 내가 우리 친구들 중 한 명에게 줄 수 있어. 걔들이 가능하다면 말이지. 그러면 넌 아직 영화를 같이 보러 갈 누군가가 있는거지. 보자... 만약 그게 안 되면, 네 표 값을 내가 주는 건 어때? 취소하거나 환불 받기에는 너무 늦은 것 같아. 그리고 너 한테 공평하지 않은 것 같아. 그래서, 내가 표 값은 갚도록 해줘. 나 때문에 네 돈을 손해보면 안 될 것 같아.

| 마무리

다시 한번 정말 미안해
Again, I'm so sorry

If there's anything else you can think of, let me know. Again, I'm so sorry.

다른 대안이 생각 난다면, 알려줘. 다시 한번 정말 미안해.

고득점 어휘/표현

어휘/표현

explain 설명하다   provide 제공하다   alternative 대안   be supposed to ~하기로 되어 있다   I'm afraid ~할 것 같다, 유감이지만 ~이다   make it 가다, 참석하다   back out (하려던 일에서) 빠지다   at the last minute 마지막 순간에, 막판에   get a refund 환불받다   fair 온당한, 공평한   pay ~ back ~에게 ~을 갚아 주다

Q13 약속 취소 경험

That's the end of the situation. Have you ever had to cancel your plans to see a movie with a friend? Why did you have to cancel? How did you feel about it? How did your friend react? Tell me as much as you can.

상황극이 종료 되었습니다. 친구와 영화 보러 가기로 한 계획을 취소해야만 했던 적이 있나요? 왜 취소 해야만 했나요? 그것과 관련해 기분이 어땠나요? 친구의 반응은 어땠나요? 최대한 할 수 있는 만큼 말해주세요.

모범답변

| 도입부

Well, I haven't seen any movies 최근에 because of 유행병 , so it's a little hard to remember.

글쎄요, 유행병 때문에 최근에 영화를 보지 못했어요, 그래서 기억하기 약간 힘드네요.

| 본문

First, you should know that my friend and I have very 다른 취향 in movies. She's a horror film 마니아 , but I can hardly watch them. I'd rather see something 마음 편안한 and 재미있는 . So, a few years ago, a new horror movie 나왔다 , and my friend was really excited to see it. She 간청했다 me to go with her, and I 마지못해 agreed. We chose a time and place and made our plans. But after that, I watched 예고편 on YouTube, and it was enough to 나를 섬뜩하게 하다 . I knew the movie would give me 악몽들 , so I called my friend and 취소했다 of our plans. She 실망했다 , but totally understood. She knows I'm a chicken.

우선, 제 친구와 저는 아주 다른 영화 취향을 가지고 있다는 것을 알아야 해요. 그녀는 공포 영화광이지만 저는 거의 볼 수가 없어요. 저는 차라리 마음이 편하거나 재미있는 걸 보는 게 좋아요. 그래서, 몇 년 전에, 새로운 공포 영화가 개봉했고, 친구는 신나서 보고 싶어 했죠. 그녀는 같이 가자고 저를 졸라 댔고, 저는 마지못해 그러겠다고 했어요. 우리는 시간과 장소를 정해서 계획을 만들었어요. 근데 이 이후에 제가 유튜브에서 예고편을 보게 되었는데 제가 충분히 섬뜩할 만했죠. 저는 그 영화 때문에 악몽을 꿀 거라는 걸 알아버렸어요. 그래서 친구에게 전화해서 계획을 취소하자고 말했죠. 그녀는 실망했지만 전적으로 이해해 줬어요. 그녀는 제가 겁쟁이라는 걸 안 거죠.

| 마무리

I felt bad for my friend, but still I think I made the right decision.

친구에겐 미안했지만, 그래도 여전히 전 옳은 결정을 했다고 생각해요.

모범 답안

recently / the pandemic / different tastes / buff / lighthearted / fun / came out / begged / reluctantly / the trailer / creep me out / nightmares / backed out / was disappointed

That's the end of the situation. Have you ever had to cancel your plans to see a movie with a friend? Why did you have to cancel? How did you feel about it? How did your friend react? Tell me as much as you can.

상황극이 종료 되었습니다. 친구와 영화 보러 가기로 한 계획을 취소해야만 했던 적이 있나요? 왜 취소 해야만 했나요? 그것과 관련해 기분이 어땠나요? 친구의 반응은 어땠나요? 최대한 할 수 있는 만큼 말해주세요.

모범답변 🔊 MP3 3_26

| 도입부

최근에 영화 못 봄
haven't seen any movies recently

Well, I haven't seen any movies recently because of the pandemic, so it's a little hard to remember.

글쎄요, 유행병 때문에 최근에 영화를 보지 못했어요, 그래서 기억하기 약간 힘드네요.

| 본문

• 친구는 공포 영화광, 난 거의 못 봄
  horror film buff, I can hardly watch

• 친구가 졸라서 공포 영화 보러 가기로 함
  she begged me, made our plans

• 예고편 보고 계획 취소
  watched the trailer, back out of our plans

First, you should know that my friend and I have very different tastes in movies. She's a horror film buff, but I can hardly watch them. I'd rather see something lighthearted and fun. So, a few years ago, a new horror movie came out, and my friend was really excited to see it. She begged me to go with her, and I reluctantly agreed. We chose a time and place and made our plans. But after that, I watched the trailer on YouTube, and it was enough to creep me out. I knew the movie would give me nightmares, so I called my friend and backed out of our plans. She was disappointed, but totally understood. She knows I'm a chicken.

우선, 제 친구와 저는 아주 다른 영화 취향을 가지고 있다는 것을 알아야 해요. 그녀는 공포 영화광이지만 저는 거의 볼 수가 없어요. 저는 차라리 마음이 편하거나 재미있는 걸 보는 게 좋아요. 그래서, 몇 년 전에, 새로운 공포 영화가 개봉했고, 친구는 신나서 보고 싶어 했죠. 그녀는 같이 가자고 저를 졸라 댔고, 저는 마지못해 그러겠다고 했어요. 우리는 시간과 장소를 정해서 계획을 만들었어요. 근데 이 이후에 제가 유튜브에서 예고편을 보게 되었는데 제가 충분히 섬뜩할 만했죠. 저는 그 영화 때문에 악몽을 꿀 거라는 걸 알아버렸어요. 그래서 친구에게 전화해서 계획을 취소하자고 말했죠. 그녀는 실망했지만 전적으로 이해해 줬어요. 그녀는 제가 겁쟁이라는 걸 안 거죠.

| 마무리

친구한테 미안, 그래도 옳은 결정
felt bad for my friend, but made the right decision

I felt bad for my friend, but still I think I made the right decision.

친구에겐 미안했지만, 그래도 여전히 전 옳은 결정을 했다고 생각해요.

고득점 어휘/표현

어휘/표현

react 반응하다, 대응하다   taste 취향, 기호   buff ~광, 애호가   lighthearted 마음 편한   come out 나오다, 생산되다   beg 부탁하다, 간청하다   reluctantly 마지못해서, 망설이면서   trailer 예고편   creep ~ out ~을 무섭게 하다   nightmare 악몽   disappointed 실망한   totally 완전히, 전적으로   chicken 겁쟁이

• 영화 관람 약속 질문

도입부		본문		마무리

• 친구와의 약속 취소 상황 문제 해결

도입부		본문		마무리

• 약속 취소 경험

도입부		본문		마무리

STEP 1 기출 포인트 파악하기

가장 많이 나오는 2 COMBO 세트

❶ 과거와 현재의 인터넷 사용 변화

How have the ways that people use the internet changed in the past 5 years? What do you think is the biggest change?

사람들이 지난 5년간 인터넷을 사용하는 방식이 어떻게 변했나요? 가장 큰 변화는 무엇이라고 생각하나요?

❷ 인터넷 관련 우려와 걱정

What kinds of concerns do people have about internet use nowadays? They could be about issues regarding safety, privacy, or security. How have these concerns affected people's lives?

요즘 사람들은 인터넷 사용에 대해 어떤 걱정을 하나요? 안전, 프라이버시 또는 보안과 관련된 문제일 수 있습니다. 이러한 우려가 사람들의 삶에 어떤 영향을 끼쳤나요?

오픽 꿀팁 추가 빈출 문제

• 인터넷으로 하는 일들
What do you usually do on the internet? Do you like to shop online? Do you like sharing videos with other people? Tell me about everything that you do online.
당신은 인터넷으로 보통 무엇을 하시나요? 온라인 쇼핑을 좋아하나요? 다른 사람들과 비디오를 공유하는 것을 좋아하나요? 온라인에서 하는 모든 것에 대해 말해주세요.

• 초창기 인터넷 서핑 경험
Tell me about your early experience of surfing the internet. What do you remember particularly about that experience?
인터넷 초창기에 인터넷 서핑을 했던 경험에 대해 말해주세요. 그 경험에 대해 특별히 기억하는 것이 있나요?

• 프로젝트에서 인터넷을 활용한 방법
Tell me about when you used the internet to get a project done. What was the project about? How did the internet help you do that project?
어떠한 프로젝트를 끝내기 위해 인터넷을 사용한 경험에 대해 말해주세요. 그 프로젝트는 무엇에 관한 것이었나요? 그 프로젝트를 하는데 인터넷이 어떻게 도움이 됐나요?

제시된 오늘의 어휘와 패턴을 익히고 답변에 사용하고자 하는 어휘나 패턴에 체크해보세요.

어휘

☐	휴대하기 쉬운	portable
☐	(통신 시설을 이용하여) 재택 근무하다	telecommute
☐	회의를 열다	hold meetings
☐	의사소통을 하다, 전달하다	communicate
☐	(인터넷의) 대화방, 채팅방	chatroom
☐	상호간의, 서로의	mutual
☐	소개팅을 주선하다	arrange blind dates
☐	SNS(소셜 미디어)	social media
☐	중독 되다	get addicted
☐	정신 건강	mental health
☐	사이버 폭력, 사이버 왕따	cyberbullying
☐	~와 이어지다, 연결되다	connect with

패턴

• It has to do with   ~와 관계가 있다

It has to do with social media and false information.
그것은 소셜 미디어와 허위 정보와 관계가 있어요.

_____ an addiction to the internet.
그것은 인터넷 중독과 관계가 있어요.

• It continues to cause   계속해서 ~을 일으키다

It continues to cause major problems in society.
그것은 계속해서 사회에 주요한 문제들을 일으켜요.

_____ social anxiety.
그것은 계속해서 사회 불안을 일으켜요.

• These are the biggest problems with   이것들이 ~와 관련된 가장 큰 문제들이다

These are the biggest problems with the internet these days.
이것들이 요즘 인터넷과 관련된 가장 큰 문제들입니다.

_____ the new technology.
이것들이 그 신기술과 관련된 가장 큰 문제들이에요.

나만의 문장 만들기

주어진 우리말을 보고 빈칸을 채우고 아래 모범 답안을 확인해보세요.

❶ 과거와 현재의 인터넷 사용 변화 – 현재 (일)

유행병 때문에 재택	Because of the pandemic, people 재택 근무를 해오고 있다 for work.
채팅방을 이용해 의사소통	Workers 의사소통을 해오고 있다 together using chatrooms.
비디오 채팅 앱으로 회의 염	They 회의를 열다 over video chatting apps.

❷ 과거와 현재의 인터넷 사용 변화 – 일상

사람들이 어떻게 데이트를 하는지 바꿔 놓음	The internet 달라 졌다 how people date these days.
과거: 서로 아는 친구들이 데이트 주선	In the past, usually 서로 아는 친구들 주선했다 a date for two individuals.
현재: 앱을 사용한 소개팅 흔함	Now it's common to arrange blind dates 앱을 사용.

❸ 인터넷 관련 우려와 걱정 – 사회 문제

가장 큰 문제는 소셜 미디어와 허위 정보와 관련 있음	가장 큰 문제들 have to do with social media and 허위 정보.
정신 건강에 부정적인 영향 미침	A lot of negative ways that it 영향을 미치다 정신 건강.
사람들이 중독됨	People ~에 중독되다 it.

모범 답안

❶ have telecommuted / have communicated / hold meetings
❷ has changed / mutual friends / set up / using apps
❸ The biggest issues / false information / affects / mental health / get addicted to

오픽 꿀팁 인터넷 관련 추가 표현

• 인터넷 사용
stream music 음악을 스트리밍하다   post ~ on social media SNS에 ~을 올리다, 게시하다   do online banking 온라인 뱅킹을 하다
shop online 온라인 쇼핑을 하다   watch video clips on YouTube 유튜브에서 동영상을 보다
check weather forecast 일기예보를 확인하다

• 인터넷 관련 문제
online security 온라인 보안   hacking incident 해킹 사건   privacy issues 사생활 이슈   voice phishing 보이스 피싱

실전 문제를 듣고 아래 핵심 표현을 확인한 뒤 빈칸을 채우거나 소리내 말해보고 아래 정답을 확인해보세요.

🔊 MP3 3_27

Q14 과거와 현재의 인터넷 사용 변화

How have the ways that people use the internet changed in the past 5 years? What do you think is the biggest change?

사람들이 지난 5년간 인터넷을 사용하는 방식이 어떻게 변했나요? 가장 큰 변화는 무엇이라고 생각하나요?

모범답변

| 도입부

The internet has become a [점점 더 큰] part of our lives over the past 5 years. It [완전히 바꿔 놓았다] the way that we live and work.

지난 5년간 인터넷은 우리의 삶에서 더 많은 부분을 차지하게 되었어요. 우리의 삶과 일하는 방식을 완전히 바꿔 놓았죠. .

| 본문

The ways that people use the internet becomes more personal and portable compared to the past. First, [유행병 때문에] , more people [그 어느 때 보다 더 재택근무를 해오고 있다] for work. This is only possible [~덕분에] the internet. Workers [의사소통 하다] together using [채팅방들] , and they [열다] meetings over [비디오 채팅 앱들] , such as Zoom. [~외에는] work, I'd say the internet has changed how people date these days, too. In the past, usually mutual friends or parents set up a date for two individuals. Now it's common to arrange [소개팅들을] using apps.

사람들이 인터넷을 사용하는 방식은 과거와 비교했을 때 좀 더 개인적이고 간편해졌습니다. 우선, 유행병으로 인해 많은 사람들이 그 어느때 보다 더 재택근무를 합니다. 이것은 인터넷 덕분에나 가능한 일이죠. 일하는 사람들은 채팅방을 이용해서 함께 의사소통을 하고, 줌과 같은 비디오 채팅 앱으로 회의를 열죠. 업무 외에는, 인터넷이 사람들이 어떻게 데이트를 하는지도 바꿔 놓았다고 말하고 싶어요. 과거에는, 주로 서로 아는 친구들 혹은 부모님들이 두 사람을 위해 데이트를 주선했죠. 지금은 앱을 사용한 소개팅 주선이 흔해요.

| 마무리

There are too many changes to go over, but these are the biggest changes that come to mind.

살펴볼 변화들이 많이 있지만, 이것들이 가장 큰 변화들로 생각이 떠오르네요.

모범 답안

bigger and bigger / has completely changed / because of the pandemic / than ever before have telecommuted / thanks to / communicate / chatrooms / hold / video chatting apps / At the same time / submit / assignments / how we think about / Aside from / blind dates

Q14 과거와 현재의 인터넷 사용 변화

How have the ways that people use the internet changed in the past 5 years? What do you think is the biggest change?

사람들이 지난 5년간 인터넷을 사용하는 방식이 어떻게 변했나요? 가장 큰 변화는 무엇이라고 생각하나요?

모범답변   🔊 MP3 3_28

| 도입부

완전히 바꿔 놓음
has completely changed

The internet has become a bigger and bigger part of our lives over the past 5 years. It has completely changed the way that we live and work.

지난 5년간 인터넷은 우리의 삶에서 더 많은 부분을 차지하게 되었어요. 우리의 삶과 일하는 방식을 완전히 바꿔 놓았죠. .

| 본문

• 과거와 비교 했을 때 좀 더 개인적이고 간편해짐
more personal and portable compared to the past

• 현재: 재택
people have telecommuted for work

• 과거: 서로 아는 친구가 소개팅 주선
mutual friends set up a date

• 현재: 데이팅앱 사용
arrange blind dates using apps

The ways that people use the internet have become more personal and portable compared to the past. First, because of the pandemic, more people than ever before have telecommuted for work. This is only possible thanks to the internet. Workers communicate together using chatrooms, and they hold meetings over video chatting apps, such as Zoom. Aside from work, I'd say the internet has changed how people date these days, too. In the past, usually mutual friends or parents set up a date for two individuals. Now it's common to arrange blind dates using apps.

사람들이 인터넷을 사용하는 방식은 과거와 비교했을 때 좀 더 개인적이고 간편해졌습니다. 우선, 유행병으로 인해 많은 사람들이 그 어느때 보다 더 재택근무를 합니다. 이것은 인터넷 덕분에나 가능한 일이죠. 일하는 사람들은 채팅방을 이용해서 함께 의사소통을 하고, 줌과 같은 비디오 채팅 앱으로 회의를 열죠. 업무 외에는, 인터넷이 사람들이 어떻게 데이트를 하는지도 바꿔 놓았다고 말하고 싶어요. 과거에는, 주로 서로 아는 친구들 혹은 부모님들이 두 사람을 위해 데이트를 주선했죠. 지금은 앱을 사용한 소개팅 주선이 흔해요.

| 마무리

이것들이 가장 큰 변화들
theses are the biggest changes

There are too many changes to go over, but these are the biggest changes that come to mind.

살펴볼 변화들이 많이 있지만, 이것들이 가장 큰 변화들로 생각이 떠오르네요.

고득점 어휘/표현

어휘/표현

completely 완전히, 전적으로   personal 개인의, 사적인   portable 이동이 쉬운, 간편한   compared to ~와 비교해서   telecommute 컴퓨터를 이용해 재택근무하다   communicate 의사소통하다   hold meeting 회의를 열다, 회의를 개최하다   over ~을 이용하여, ~을 통해   mutual 서로의, 공통의   set up ~의 자리를 마련하다, ~의 일정을 잡다   individual 개인   arrange ~을 계획하다, 주선하다   blind date 소개팅   come to mind 떠오르다, 생각나다

Q15 인터넷 관련 우려와 걱정

What kinds of concerns do people have about internet use nowadays? They could be about issues regarding safety, privacy, or security. How have these concerns affected people's lives?

요즘 사람들은 인터넷 사용에 대해 어떤 걱정을 하나요? 안전, 사생활 혹은 보안과 관련된 문제일 수 있습니다. 이러한 우려가 사람들의 삶에 어떤 영향을 끼쳤나요?

모범답변

| 도입부

I think [가장 큰 문제들] have to do with [소셜 미디어] and false information.

가장 큰 문제는 소셜 미디어와 허위 정보와 관계가 있다고 생각해요.

| 본문

Nowadays, everyone has some form of social media. But, we're [~을 발견하고 있는] a lot of the [부정적인 것들] that it affects [정신 건강]. It's no surprise that people [~에 중독되다] it. [더 심각한 것은], it can be very [해로운] for children. [사이버 폭력] is a huge problem, and teenagers [우울감에 빠지다] by comparing themselves to others on social media. [이것이 다른 문제로도 연결돼요]. There's a lot of [허위 정보] that is spread around the internet, and people can't agree on what's real or not anymore. It continues to cause [주요한 문제들] in society.

요즘에는 모든 사람들이 어떤 형태의 소셜 미디어를 가지고 있어요. 하지만, 우리는 소셜 미디어가 정신 건강에 부정적인 영향을 미친다는 것을 발견하고 있죠. 사람들이 이것에 중독되는 것이 놀랄 일도 아니죠. 더 심각한 것은, 어린이들에게 매우 해로울 수 있어요. 사이버 폭력은 큰 문제이고, 십대들은 소셜 미디어에서 다른 사람들과 자신을 비교하며 우울감에 빠집니다. 이것은 다른 문제로도 연결돼요. 많은 허위 정보가 인터넷에 퍼지고 사람들은 더 이상 어떤 것이 진실인지에 동의할 수 없게 되죠. 계속해서 사회에 주요한 문제들을 일으켜요.

| 마무리

These are the biggest problems with the internet these days. Honestly, I don't know how they can be fixed.

이것들이 요즘 인터넷과 관련된 가장 큰 문제들입니다. 솔직하게, 이것들이 어떻게 해결될 수 있을지 모르겠어요.

모범 답안

the biggest issues / social media / finding out / negative ways / mental health / get addicted to / More seriously / harmful / Cyberbullying / get depressed / This connects with the other problem / false information / major problems

What kinds of concerns do people have about internet use nowadays? They could be about issues regarding safety, privacy, or security. How have these concerns affected people's lives?

요즘 사람들은 인터넷 사용에 대해 어떤 걱정을 하나요? 안전, 사생활 혹은 보안과 관련된 문제일 수 있습니다. 이러한 우려가 사람들의 삶에 어떤 영향을 끼쳤나요?

모범답변

▶ MP3 3_30

| 도입부

가장 큰 문제는 소셜 미디어와 허위 정보와 관련 있음
the biggest issues have to do with social media and false information

I think the biggest issues have to do with social media and false information.

가장 큰 문제는 소셜 미디어와 허위 정보와 관계가 있다고 생각해요.

| 본문

• 정신건강에 부정적인 영향
negative ways that it affects mental health

• 어린이들에게 해로움
harmful for children

• 사이버 폭력 큰 문제
cyberbullying is a huge problem

• 계속해서 사회에 주요한 문제들 일으킴
continues to cause major problems in society

Nowadays, everyone has some form of social media. But, we're finding out a lot of the negative ways that it affects mental health. It's no surprise that people get addicted to it. More seriously, it can be very harmful for children. Cyberbullying is a huge problem, and teenagers get depressed by comparing themselves to others on social media. This connects with the other problem. There's a lot of false information that is spread around the internet, and people can't agree on what's real or not anymore. It continues to cause major problems in society.

요즘에는 모든 사람들이 어떤 형태의 소셜 미디어를 가지고 있어요. 하지만, 우리는 소셜 미디어가 정신 건강에 부정적인 영향을 미친다는 것을 발견하고 있죠. 사람들이 이것에 중독되는 것이 놀랄 일도 아니죠. 더 심각한 것은, 어린이들에게 매우 해로울 수 있어요. 사이버 폭력은 큰 문제이고, 십대들은 소셜 미디어에서 다른 사람들과 자신을 비교하며 우울감에 빠집니다. 이것은 다른 문제로도 연결돼요. 많은 허위 정보가 인터넷에 퍼지고 사람들은 더 이상 어떤 것이 진실인지에 동의할 수 없게 되죠. 계속해서 사회에 주요한 문제들을 일으켜요.

| 마무리

이것이 가장 큰 문제들
These are the biggest problems

These are the biggest problems with the internet these days. Honestly, I don't know how they can be fixed.

이것들이 요즘 인터넷과 관련된 가장 큰 문제들입니다. 솔직하게, 이것들이 어떻게 해결될 수 있을지 모르겠어요.

고득점 어휘/표현

어휘/표현

major concern 주요 관심사   concerning ~와 관련하여   privacy 사생활   security 보안   issue 문제   false 거짓의, 허위의   find out 발견하다   negative 부정적인   way 사항, 점   affect ~에게 영향을 주다   mental health 정신 건강   addict 중독되게 하다   seriously 심각하게   harmful for ~에게 해로운   cyberbullying 사이버 폭력   huge 엄청난, 거대한   teenager 십대   get depressed 우울해지다   connect with ~와 이어지다, 연관되다   be spread 널리 퍼지다   agree on ~에 동의하다   continue to 계속해서 ~하다   society 사회   honestly 솔직히 말해서, 정말로   fix 수리하다, 바로잡다

STEP 5 나만의 OPIc 답변 만들어 보기

• 과거와 현재의 인터넷 사용 변화

도입부	본문	마무리

• 인터넷 관련 우려와 걱정

도입부	본문	마무리

Week

4

이번 주 학습 목표

◈ 익숙하지 않은 공통형 주제에도 관련된 어휘를 활용해 답변할 수 있다.

◈ 다양한 시제를 활용해 과거와 현재를 비교할 수 있다.

◈ 사건의 발단과 전개를 논리적으로 묘사할 수 있다.

전체 MP3 모음

문항 구성

자기소개	1 자기소개		선택형 음악 감상하기	8 좋아하는 음악/가수
선택형 집에서 보내는 휴가	2 휴가를 보내는 경향			9 음악을 듣는 경향
	3 최근 휴가			10 라이브 음악을 들으러 간 경험
	4 기억에 남는 휴가 경험		롤플레이 (공통형) 휴대폰 (휴대전화 구매)	11 휴대폰 구매 질문
공통형 자유 시간	5 자유 시간에 가는 장소			12 빌린 물건 고장 낸 상황 문제 해결
	6 최근 자유 시간			13 빌린 물건을 고장 낸 경험
	7 과거와 현재의 자유 시간		공통형 건강	14 건강한 사람의 습관
				15 건강 관련 최근 뉴스나 이슈

시험 난이도 ★★★☆☆

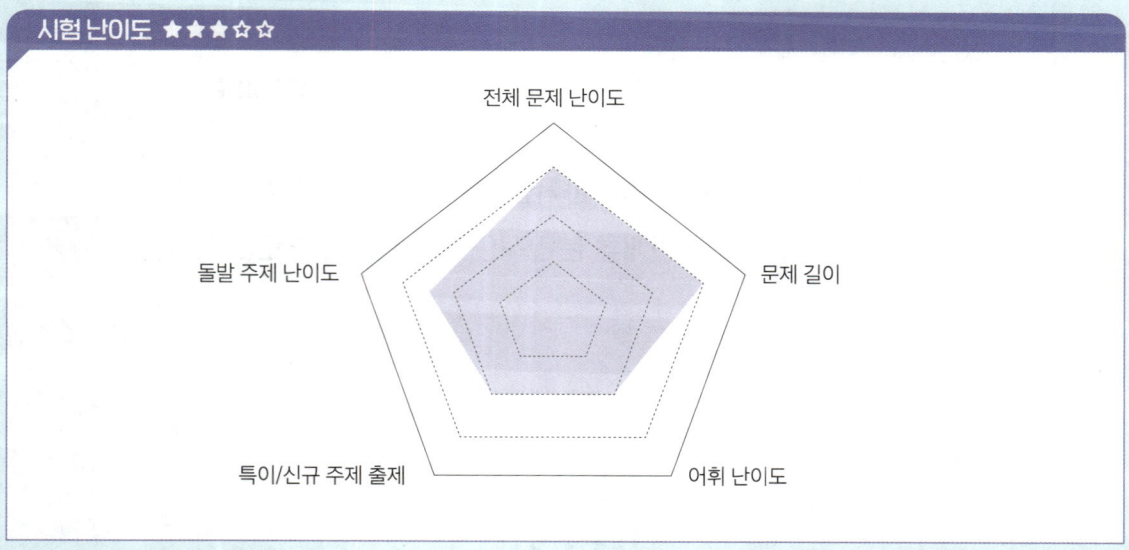

Self-Assessment 4-4

Q1 자기소개

STEP 1 어휘와 패턴 익히기

제시된 오늘의 어휘와 패턴을 익히고 답변에 사용하고자 하는 어휘나 패턴에 체크해보세요.

어휘

☐	초반의	early
☐	현재 ~에서 일하다	currently work at/for
☐	~을 담당하다	be in charge of
☐	승진하다	get a promotion
☐	성격	personality
☐	내향적인, 내향적인 사람	introvert
☐	외향적인, 외향적인 사람	extrovert
☐	신중한	prudent
☐	근면한	diligent
☐	관대한, 마음이넓은	generous

패턴

• you can call me   ~라고 불러도 된다

My name is Hyewon, but you can call me Ella.
제 이름은 혜원인데, 엘라라고 불러도 돼요.
_____ Heather.
헤더라고 불러도 돼요.

• As for   ~에 대해 말하자면, ~의 경우에는

As for my personality, I'm definitely an introvert.
제 성격에 대해 말하자면, 저는 확실히 내향적인 사람입니다.
_____ my hobby, I like jogging.
제 취미에 대해 말하자면, 저는 조깅하는 걸 좋아합니다.

• I'm really excited to   ~하게 되어 매우 기쁘다

I'm really excited to talk with you today.
오늘 이야기할 수 있어 정말 기쁩니다.
_____ introduce myself to you.
저를 소개할 수 있어 정말 기쁩니다.

실전 문제를 듣고 아래 핵심 아이디어를 확인한 뒤 소리내 말해보세요.

🔊 MP3 4_1

Q1 자기소개

Let's start the interview now. Tell me a little bit about yourself.

인터뷰를 시작합니다. 당신에 대해 말해주세요.

모범답변

🔊 MP3 4_2

|도입부

이름
You can call me [ ].

Hello! My name is Hyewon, but you can call me Ella.

안녕하세요! 제 이름은 혜원인데, 엘라라고 불러 주시면 돼요.

|본문

- 30대 초반
  early [ ]s
- 출판 회사에 다님
  currently working at a
  publishing company
- 내향적인 성격
  introvert

I'm in my early 30s and I'm currently working at a publishing company. I live in Suwon with my husband. He works in the same company as me. We also have a cute dog. As for my personality, I'm definitely an introvert. I'd rather stay in and read a book than go out to a crowded restaurant or bar.

전 30대 초반이고 현재 출판 회사에 다니고 있어요. 남편과 함께 수원에 살고 있죠. 남편도 저와 같은 회사에 다니고 있어요. 또 저희는 귀여운 강아지 한 마리를 키우고 있어요. 제 성격에 대해 말하자면, 저는 확실히 내향적인 사람이에요. 붐비는 식당이나 바에 가는 것보다 차라리 집에서 책을 읽을 거예요.

|마무리

이 정도임
That's about it.

That's about it. I'm really excited to talk with you today, Ava.

이게 다예요. 오늘 함께 이야기하게 되어 너무 기쁘네요, 에바.

고득점 어휘/표현

어휘/표현

introvert 내향적인 사람   would rather 차라리 ~하겠다, ~하고 싶다

STEP 1 기출 포인트 파악하기

가장 많이 나오는 3 COMBO 세트

❶ 휴가를 보내는 경향

You indicated that you take vacations at home. Who are the people you would like to see and spend time with on your vacation?

당신은 집에서 휴가를 보낸다고 답했습니다. 휴가 동안 만나고 싶거나 함께 시간을 보내고 싶은 사람들은 누구인가요?

❷ 최근 휴가

Describe exactly what you did during the last vacation that you spent at home. Give me a description of what you did from the first to the last day. Talk about all the people you saw and everything that you did.

가장 최근에 집에서 휴가를 보냈을 때 당신이 정확히 무엇을 했는지 설명해 주세요. 첫날부터 마지막 날까지 무엇을 했는지 설명해 주세요. 당신이 만난 모든 사람들 그리고 당신이 한 모든 일에 대해 말해주세요.

❸ 기억에 남는 휴가 경험

Could you tell me about an unusual or unexpected experience you had during a vacation you had at home? What happened? Who was involved? And why was this experience so memorable?

집에서 휴가를 보내는 동안 당신이 겪었던 특이하거나 예상치 못한 경험에 대해 말해줄 수 있나요? 무슨 일이 생겼나요? 누가 연관되어 있나요? 그리고 왜 이 경험이 기억에 남나요?

오픽 꿀팁 추가 빈출 문제

• 휴가를 보내는 방법의 변화 (Q14)
You indicated that you take vacations at home. What do people in your country normally do on their vacations? How has the way they spend vacations changed over the years? Give me specific examples.
당신은 집에서 휴가를 보낸다고 했습니다. 당신 나라의 사람들은 보통 휴가 때 무엇을 하나요? 사람들이 휴가를 보내는 방식이 지난 몇 년 동안 어떻게 바뀌었나요? 구체적인 예시를 들어주세요.

• 휴가가 중요하다고 생각하는 이유 (Q15)
Experts state that vacations are important for one's health and one's relationship with others. Why do you think vacations are important? Talk for a minute to discuss your view on the importance of vacations.
전문가들은 휴가는 우리의 건강과 다른 사람과의 관계를 위해 중요하다고 말합니다. 당신은 왜 휴가가 중요하다고 생각하나요? 휴가가 중요하다고 생각하는 이유에 대해 이야기해주세요.

제시된 오늘의 어휘와 패턴을 익히고 답변에 사용하고자 하는 어휘나 패턴에 체크해보세요.

어휘

☐	휴식을 취하다	have a break
☐	마음을 터놓다	open up
☐	~을 고대하다	look forward to
☐	미리, 사전에	in advance
☐	특색, 특징을 이루다	feature
☐	다양한, 폭넓은	a wide selection of
☐	집이나 집 근처에서 보내는 휴가	staycation
☐	예약하다	book
☐	멋진 전망	scenic view
☐	화려한	fancy

패턴

• look forward to   ~을 고대하다

I always look forward to meeting my friends when I stay at home for vacation.
집에서 휴가를 보낼 때면, 늘 친구들과 만나는 것이 기대됩니다.
I _____spending time with my friends soon.
곧 친구들과 시간을 보내는 것이 기대됩니다.

• Needless to say,   말할 필요도 없이

Needless to say, the meal was delicious.
말할 필요도 없이, 음식은 너무 맛있었습니다.
_____, the recent staycation was great.
말할 필요도 없이, 최근 집에서 보낸 휴가는 너무 좋았습니다.

• I guess   ~라고 생각하다

I guess it was expensive, but it was still a great experience.
비싸다고 생각하지만, 너무 좋은 경험이었습니다.
_____ it was far, but their dishes are great.
멀다고 생각하지만, 그곳의 요리는 매우 맛있습니다.

주어진 우리말을 보고 빈칸을 채우고 아래 모범 답안을 확인해보세요.

❶ 휴가를 보내는 경향 – 친구들을 만남

친구들과 시간 보내려고 노력함	Since I have [남는 시간] during vacation, I make the effort to [~와 시간을 보내다] my friends.
강남처럼 인기 있는 곳에서 만남	We usually meet in a [인기 있는] area like Gangnam.
유행하는 식당이나 바를 찾음	We find a [최신 유행의] restaurant or bar and [예약하다] .

❷ 휴가를 보내는 경향 – 친구들과 하는 것들

모든 것에 대해 얘기함	When we're together, we [~에 대해 이야기하다] everything.
어렸을 때의 웃긴 얘기들을 나눔	We [나누다] funny stories from our old days.
현재 직장이나 관계에서 겪는 문제에 대해 이야기함	We talk about our [현재의 문제] at work or in our [관계] .

❸ 최근 휴가

친구들과 특별한 계획을 세움	During my last vacation at home, I [특별한 계획을 세웠다] with my friends.
미리 강남에 있는 유행하는 식당을 예약을 함	I made reservations [미리] at a trendy restaurant in Gangnam.
친구들과 보낸 좋은 저녁 시간이었음	It was a [좋은 저녁 시간] with my friends.

❹ 기억에 남는 휴가 경험

제일 친한 친구와 집 근처에서 보내기로 함	I spent my last vacation at home, but I decided to do a ' [집이나 집 근처에서 보내는 휴가] ' with my best friend.
서울에 있는 화려한 호텔에서 하룻밤을 예약함	So, we [예약했다] one night at a [화려한, 호화로운] hotel in Seoul.
비쌌던 것 같은데, 좋은 경험이었음	I guess it was expensive, but it was still a [좋은 경험] .

모범 답안

❶ extra time / hang out with / popular /trendy / make a reservation
❷ talk about / share / current problems / relationships
❸ made a special plan / in advance /great evening
❹ staycation / booked / fancy / great experience

실전 문제를 듣고 빈칸을 채우거나 소리내 말해보고 아래 모범 답안을 확인해보세요.

◀) MP3 4_3

Q2 휴가를 보내는 경향

You indicated that you take vacations at home. Who are the people you would like to see and spend time with on your vacation?

당신은 집에서 휴가를 보낸다고 답했습니다. 휴가 동안 만나고 싶거나 함께 시간을 보내고 싶은 사람들은 누구인가요?

모범답변

| 도입부

I always [~와 만나다] my best friends when I [휴식을 취하다] from work.

저는 일을 쉴 때마다 항상 가장 친한 친구들을 만나요.

| 본문

Since I have extra time during vacation, I make the effort to hang out with my friends. We usually meet in a [인기 있는 곳] like Gangnam. We find a trendy restaurant or bar and make a reservation. When we're together, we [모든 것에 대해 이야기하다]. We share funny stories from our old days, and we talk about our [현재의 문제] at work or in our [관계]. We can [서로에게 마음을 터놓다] and talk about anything. We're really [가까운, 친한]. Plus, since I'm on vacation, I don't need to worry about drinking too much or being out too late. I can spend time with my friends without thinking about work.

휴가 동안에는 시간이 남기 때문에, 친구들과 시간을 보내려고 노력해요. 우린 주로 강남처럼 인기 있는 곳에서 만나요. 유행하는 식당이나 바를 찾고, 예약해요. 같이 있을 때, 우린 모든 것에 대해 얘기해요. 어렸을 때의 웃긴 얘기들을 나누고, 현재 직장이나 관계에서 겪는 문제들에 대해 얘기해요. 저희는 서로에게 마음을 터놓고 무엇에 관해서던지 이야기할 수 있어요. 정말 친하거든요. 또한, 휴가 중이기 때문에, 전 과음이나 너무 늦게까지 외출해 있는 것에 대해 걱정할 필요가 없어요. 일에 대해서 걱정하지 않고 친구들과 시간을 보낼 수 있죠.

| 마무리

I always [~을 고대하다] meeting my friends when I stay at home for vacation.

집에서 휴가를 보낼 때면, 늘 친구들과 만나는 것이 기대돼요.

모범 답안

meet up with / have a break / popular area / talk about everything / current problems / relationships / open up to each other / close / look forward to

You indicated that you take vacations at home. Who are the people you would like to see and spend time with on your vacation?

당신은 집에서 휴가를 보낸다고 답했습니다. 휴가 동안 만나고 싶거나 함께 시간을 보내고 싶은 사람들은 누구인가요?

모범답변   🔊 MP3 4_4

| 도입부

가장 친한 친구들
my best friends

I always meet up with my best friends when I have a break from work.

저는 일을 쉴 때마다 항상 가장 친한 친구들을 만나요.

| 본문

• 인기있는 곳에서 만남
 meet in a popular area

• 유행하는 식당 찾고, 예약함
 find a trendy restaurant,
 make a reservation

• 일에 대해 걱정하지 않고 시간 보
 낼 수 있음
 can spend time without
 thinking about work

Since I have extra time during vacation, I make the effort to hang out with my friends. We usually meet in a popular area like Gangnam. We find a trendy restaurant or bar and make a reservation. When we're together, we talk about everything. We share funny stories from our old days, and we talk about our current problems at work or in our relationships. We can open up to each other and talk about anything. We're really close. Plus, since I'm on vacation, I don't need to worry about drinking too much or being out too late. I can spend time with my friends without thinking about work.

휴가 동안에는 시간이 남기 때문에, 친구들과 시간을 보내려고 노력해요. 우린 주로 강남처럼 인기 있는 곳에서 만나요. 유행하는 식당이나 바를 찾고, 예약해요. 같이 있을 때, 우린 모든 것에 대해 얘기해요. 어렸을 때의 웃긴 얘기들을 나누고, 현재 직장이나 관계에서 겪는 문제들에 대해 얘기해요. 저희는 서로에게 마음을 터놓고 무엇에 관해서던지 이야기할 수 있어요. 정말 친하거든요. 또한, 휴가 중이기 때문에, 전 과음이나 너무 늦게까지 외출해 있는 것에 대해 걱정할 필요가 없어요. 일에 대해서 걱정하지 않고 친구들과 시간을 보낼 수 있죠.

| 마무리

친구들과 만나는 것이 늘 기대됨
always look forward to meeting my friends

I always look forward to meeting my friends when I stay at home for vacation.

집에서 휴가를 보낼 때면, 늘 친구들과 만나는 것이 기대돼요.

고득점 어휘/표현

어휘/표현

hang out with ~ ~와 시간을 보내다   trendy 최신 유행의, 유행을 따르는   open up 마음을 터놓다   close 가까운, 친한

Q3 최근 휴가

Describe exactly what you did during the last vacation that you spent at home. Give me a description of what you did from the first to the last day. Talk about all the people you saw and everything that you did.

가장 최근에 집에서 휴가를 보냈을 때 당신이 정확히 무엇을 했는지 설명해 주세요. 첫날부터 마지막 날까지 무엇을 했는지 설명해 주세요. 당신이 만난 모든 사람들 그리고 당신이 한 모든 일에 대해 말해주세요.

모범답변

| 도입부

During my last vacation at home, I made special plans with my friends. It was in the summertime.

가장 최근에 집에서 휴가를 보내면서, 전 친구들과 특별한 계획을 세웠어요. 여름에 있었던 일이에요.

| 본문

I made reservations ⟨미리⟩ at a trendy restaurant in Gangnam. It was an Italian restaurant that ⟨특색으로 한⟩ ⟨다양한 종류의⟩ imported wines. The reservation was at 7, so we met around 6:30 and walked to the restaurant. It was the best Italian food ⟨제가 맛본 것 중에⟩. We shared several ⟨음식들⟩, like cream pasta and lasagna. We ordered steak too, and it was cooked to perfection. We had two bottles of wine with dinner. The red wine was especially fantastic with the steak. We were so ⟨배가 부른⟩ that we didn't even order dessert. We just went to a ⟨근처의⟩ café and talked some more.

전 강남에 있는 유행하는 식당에 미리 예약을 했어요. 다양한 수입산 와인이 특징인 이탈리안 식당이었어요. 7시에 예약을 해 놓아서 우린 6:30쯤 만나 식당으로 걸어갔죠. 지금까지 맛본 이탈리안 음식 중에 단연 최고였어요. 크림 파스타와 라자냐 같은 여러 음식을 나눠 먹었어요. 스테이크도 주문했는데 굽기 정도가 완벽했어요. 저녁 식사에 두 병의 와인을 함께 곁들였죠. 레드 와인은 특히 스테이크와 잘 어울렸어요. 너무 배불러서 디저트는 시키지도 않았어요. 바로 근처에 있는 카페로 가서 조금 더 이야기했어요.

| 마무리

It was a great evening with my friends.

친구들과 보낸 좋은 저녁 시간이었죠.

모범 답안

in advance / featured / a wide selection of / I've ever had / dishes / full / nearby

Describe exactly what you did during the last vacation that you spent at home. Give me a description of what you did from the first to the last day. Talk about all the people you saw and everything that you did.

가장 최근에 집에서 휴가를 보냈을 때 당신이 정확히 무엇을 했는지 설명해 주세요. 첫날부터 마지막 날까지 무엇을 했는지 설명해 주세요. 당신이 만난 모든 사람들 그리고 당신이 한 모든 일에 대해 말해주세요.

모범답변   🔊 MP3 4_6

| 도입부

여름에 있었던 일
in the summertime

During my last vacation at home, I made special plans with my friends. It was in the summertime.

가장 최근에 집에서 휴가를 보내면서, 전 친구들과 특별한 계획을 세웠어요. 여름에 있었던 일이에요.

| 본문

- [   ]에 있는 식당을 예약함
  made reservations in [   ]

- 여러 음식을 나눠 먹음
  shared several dishes

- 근처에 있는 카페에 가서 이야기를 좀 더 함
  went to a nearby café and talked some more

I made reservations in advance at a trendy restaurant in Gangnam. It was an Italian restaurant that featured a wide selection of imported wines. The reservation was at 7, so we met around 6:30 and walked to the restaurant. It was the best Italian food I've ever had. We shared several dishes, like cream pasta and lasagna. We ordered steak too, and it was cooked to perfection. We had two bottles of wine with dinner. The red wine was especially fantastic with the steak. We were so full that we didn't even order dessert. We just went to a nearby café and talked some more.

전 강남에 있는 유행하는 식당에 미리 예약을 했어요. 다양한 수입산 와인이 특징인 이탈리안 식당이었어요. 7시에 예약을 해 놓아서 우린 6:30쯤 만나 식당으로 걸어갔죠. 지금까지 맛본 이탈리안 음식 중에 단연 최고였어요. 크림 파스타와 라자냐 같은 여러 음식을 나눠 먹었어요. 스테이크도 주문했는데 굽기 정도가 완벽했어요. 저녁 식사에 두 병의 와인을 함께 곁들였죠. 레드 와인은 특히 스테이크와 잘 어울렸어요. 너무 배불러서 디저트는 시키지도 않았어요. 바로 근처에 있는 카페로 가서 조금 더 이야기했어요.

| 마무리

좋은 저녁 시간
a great evening

It was a great evening with my friends.
친구들과 보낸 좋은 저녁 시간이었죠.

고득점 어휘/표현

어휘/표현

in advance 미리, 사전에   feature ~을 특징으로 삼다   a wide selection of ~ 다양한 ~   full 배부르게 먹은   so ~ that ... 너무 ~해서 ...하다

Q4 기억에 남는 휴가 경험

Could you tell me about an unusual or unexpected experience you had during a vacation you had at home? What happened? Who was involved? And why was this experience so memorable?

집에서 휴가를 보내는 동안 당신이 겪었던 특이하거나 예상치 못한 경험에 대해 말해줄 수 있나요? 무슨 일이 생겼나요? 누가 관련되어 있나요? 그리고 왜 이 경험이 기억에 남나요?

모범답변

| 도입부

I spent my last vacation at home, but I decided to do a ' 집 근처에서 보내는 휴가 ' with my best friend. So, we 예약했다 one night at a 호화로운 hotel in Seoul.

지난 휴가는 집에서 보냈는데, 제 제일 친한 친구와 '집 근처에서 보내는 휴가'를 하기로 했죠. 그래서 서울에 있는 호화로운 호텔에 1박을 예약했어요.

| 본문

Honestly, it felt a little 우스꽝스러운, 웃긴 because my home was only twenty minutes away. But, it was still nice to stay at a luxury hotel and get the vacation experience. Let's see… what all did we do? We arrived early and checked in, and we 바로, 즉시 went to the hotel's pool. It was the perfect spot to relax. We swam and 많은 사진을 찍었다 . After that, we spent some time in our room. It had a 멋있는 경치 of a nearby park. In the evening, we had dinner at the hotel's 4-star restaurant. 말할 필요없이 , the meal was delicious. We ended the night by having a cocktail at the rooftop bar. The city looked beautiful at night.

솔직히 말하자면, 집에서 20분 거리에 있는 호텔이라 조금 웃기기도 했어요. 하지만, 호화로운 호텔에 머물며 휴가를 보내는 경험은 그래도 너무 좋았죠. 어디 보자… 저희가 했던 모든 것이요? 일찍 도착해서 체크인을 했고, 바로 호텔 수영장으로 갔어요. 휴식을 취하기에 아주 완벽한 곳이었죠. 저희는 수영을 했고, 많은 사진을 찍었어요. 그후에, 방에서 시간을 좀 보냈어요. 근처에 있는 공원의 멋있는 경치가 보였어요. 저녁에 우리는 호텔에 있는 4성급 식당에서 저녁 식사를 했죠. 말할 필요 없이, 음식은 너무나 맛있었어요. 루프탑 바에서 칵테일을 마시며 하루를 마무리했죠. 밤에 보는 도시는 참 예뻤어요.

| 마무리

I guess it was expensive, but it was still a great experience. I'd definitely do it again.

조금 비싸기는 했지만 너무나 좋은 경험이었어요. 꼭 다시 하고 싶어요.

모범 답안

staycation / booked / fancy / silly / immediately / took a lot of pictures / scenic view / Needless to say

Could you tell me about an unusual or unexpected experience you had during a vacation you had at home? What happened? Who was involved? And why was this experience so memorable?

집에서 휴가를 보내는 동안 당신이 겪었던 특이하거나 예상치 못한 경험에 대해 말해줄 수 있나요? 무슨 일이 생겼나요? 누가 관련되어 있나요? 그리고 왜 이 경험이 기억에 남나요?

모범답변

🔊 MP3 4_8

| 도입부

호화로운 호텔 1박 예약함
booked one night at a fancy hotel

I spent my last vacation at home, but I decided to do a 'staycation' with my best friend. So, we booked one night at a fancy hotel in Seoul.

지난 휴가는 집에서 보냈는데, 제 제일 친한 친구와 '집 근처에서 보내는 휴가'를 하기로 했죠. 그래서 서울에 있는 호화로운 호텔에 1박을 예약했어요.

| 본문

• 호텔 수영장에 감
  went to the hotel's pool

• 방에서 시간을 보냄
  spent some time in our room

• 4성급 식당에서 저녁 식사 함
  had dinner at the hotel's 4-star restaurant

Honestly, it felt a little silly because my home was only twenty minutes away. But, it was still nice to stay at a luxury hotel and get the vacation experience. Let's see… what all did we do? We arrived early and checked in, and we immediately went to the hotel's pool. It was the perfect spot to relax. We swam and took a lot of pictures. After that, we spent some time in our room. It had a scenic view of a nearby park. In the evening, we had dinner at the hotel's 4-star restaurant. Needless to say, the meal was delicious. We ended the night by having a cocktail at the rooftop bar. The city looked beautiful at night.

솔직히 말하자면, 집에서 20분 거리에 있는 호텔이라 조금 웃기기도 했어요. 하지만, 호화로운 호텔에 머물며 휴가를 보내는 경험은 그래도 너무 좋았죠. 어디 보자… 저희가 했던 모든 것이요? 일찍 도착해서 체크인을 했고, 바로 호텔 수영장으로 갔어요. 휴식을 취하기에 아주 완벽한 곳이었죠. 저희는 수영을 했고, 많은 사진을 찍었어요. 그후에, 방에서 시간을 좀 보냈어요. 근처에 있는 공원의 멋있는 경치가 보였어요. 저녁에 우리는 호텔에 있는 4성급 식당에서 저녁 식사를 했죠. 말할 필요 없이, 음식은 너무나 맛있었어요. 루프탑 바에서 칵테일을 마시며 하루를 마무리했죠. 밤에 보는 도시는 참 예뻤어요.

| 마무리

좋은 경험이었음
a great experience

I guess it was expensive, but it was still a great experience. I'd definitely do it again.

조금 비싸기는 했지만 너무나 좋은 경험이었어요. 꼭 다시 하고 싶어요.

고득점 어휘/표현

어휘/표현

staycation 집이나 집 근처에서 보내는 휴가   scenic 경치의, 경치가 아름다운   needless to say 말할 필요도 없이, 두말하면 잔소리지만

• 휴가를 보내는 경향

• 최근 휴가

• 기억에 남는 휴가 경험

STEP 1 기출 포인트 파악하기

가장 많이 나오는 3 COMBO 세트

❶ 자유 시간에 가는 장소

Where do people in your country go to in their free time? Do they go to beaches? Do they go to parks or any other places? What are some popular locations that people go in their free time?

당신 나라의 사람들은 시간이 있을 때 어디를 가나요? 바다에 가나요? 혹은 공원이나 다른 곳으로 가나요? 사람들이 자유 시간에 가는 유명한 장소로 어떤 곳이 있나요?

❷ 최근 자유 시간

Tell me about the last time you had some free time. When was it? What did you do? Who did you spend time with?

최근에 가진 자유 시간에 대해 말해주세요. 언제였나요? 무엇을 했나요? 누구와 함께 시간을 보냈나요?

❸ 과거와 현재의 자유 시간

Talk about your free time in the past. Did you have more free time or less free time back then? How was it different from your free time now?

과거 당신의 자유 시간에 대해 말해주세요. 그 때에 지금 보다 여가 시간이 더 많았나요, 아니면 더 적었나요? 현재의 자유 시간과 어떻게 다른 가요?

오픽 꿀팁 추가 빈출 문제

우리나라 사람들이 자유 시간에 하는 일들
What do people in your country typically do in their free time? What is special about those activities?
당신 나라의 사람들은 보통 자유시간에 무엇을 하나요? 그 활동들의 특별한 점은 무엇인가요?

어휘와 패턴 익히기

제시된 오늘의 어휘와 패턴을 익히고 답변에 사용하고자 하는 어휘나 패턴에 체크해보세요.

어휘

☐	조용하고 한적한	quiet and secluded
☐	~에서 벗어나다	get away from
☐	신선한 공기를 마시다, 바람을 쐬다	get some fresh air
☐	압박, 압박감	pressure
☐	빌리다, 대여하다	rent
☐	목적지	destination
☐	풍경을 감상하다, 경치를 즐기다	enjoy the scenery
☐	아늑한	cozy
☐	전형적인	typical
☐	그만한 가치가 있는	worth it

패턴

• get away from   ~에서 벗어나다

People want to get away from the crowded city.
사람들은 북적북적한 도시에서 벗어나고 싶어 합니다.
I wanted to _____ the stress.
저는 스트레스에서 벗어나고 싶었습니다.

• for some reason   왠지 모르겠지만

For some reason, meat always tastes better when you grill it at a pension.
왠지 모르겠지만 늘 펜션에서 먹는 고기가 훨씬 맛있습니다.
_____, ramen always tastes good when I have it after swimming.
왠지 모르겠지만 수영 후에 먹는 라면은 늘 맛있습니다.

• worth it   가치가 있는

I guess all the studying was worth it, maybe.
공부가 가치 있었던 것 같습니다.
I think the experience is _____.
제 생각에 이 경험은 가치가 있는 것 같습니다.

주어진 우리말을 보고 빈칸을 채우고 아래 모범 답안을 확인해보세요.

❶ 자유 시간에 가는 장소

지방에 있는 펜션으로 놀러가곤 함	When they have [여분의] free time, they like to go to pensions in the countryside.
조용하고 한적한 곳에 있음	Pensions are usually in quiet and [한적한] places.
신선한 공기를 마시고 압박감에서 벗어나 쉴 수 있음	People can [신선한 공기를 마시다] and relax away from the [압박감] of city life.

❷ 최근 자유 시간 – 설명

양평에 있는 펜션을 예약함	There was a three-day weekend last month, so I [펜션을 예약했다] in Yangpyeong for us.
차로 두시간 거리였음	It was [차로 두시간 거리] from our home.
겨울이 시작되기 전, 야외에서 시간을 보내고 싶었음	We wanted to enjoy some time [야외에서] before winter started.

❸ 최근 자유 시간 – 했던 일

남편이 운전하고, 우리는 펜션 근처 식료품 가게에 들름	My husband drove, and we stopped at a [식료품 가게] near our pension.
고기, 과자, 술을 삼	We [샀다] some meat, snacks, and beer to drink.
휴식을 취하고 풍경을 감상함	We relaxed and [풍경을 감상했다, 경치를 즐겼다].

❹ 과거와 현재의 자유 시간

과거에 자유 시간이 없었음	I can easily say that I did not have much free time at all [과거에].
대학 입학 시험 준비로 하루 종일 공부함	I had to study [하루 종일] for the [대학 입학 시험].
대학 입학 전까지 자유 시간이 없었음	I didn't have any [자유 시간] until university.

모범 답안

❶ extra / secluded / get some fresh air / pressures
❷ booked a pension / a two-hour drive / outside
❸ grocery store / bought / enjoyed the scenery
❹ in the past / full-time / college entrance exam / free time

실전 문제를 듣고 빈칸을 채우거나 소리내 말해보고 아래 모범 답안을 확인해보세요.

🔊 MP3 4_9

Q5 자유 시간에 가는 장소

Where do people in your country go to in their free time? Do they go to beaches? Do they go to parks or any other places? What are some popular locations that people go in their free time?

당신 나라의 사람들은 시간이 있을 때 어디를 가나요? 바다에 가나요? 혹은 공원이나 다른 곳으로 가나요? 사람들이 자유 시간에 가는 유명한 장소로 어떤 곳이 있나요?

모범답변

| 도입부

Like in every other country, people enjoy going to bars and restaurants. But, when they have [남는 여가 시간], they like to go to pensions in the [지방, 시골].

다른 나라와 마찬가지로, 우리나라 사람들도 식당이나 바에 가는 것을 좋아해요. 하지만, 남는 여가 시간이 있을 때는 지방에 있는 펜션에 가는 것을 좋아해요.

| 본문

Pensions are rooms you can [대여하다,빌리다] for the night, and they are usually in quiet and [한적한] places. People want to [~에서 벗어나다] the [북적북적한] city. They can [신선한 공기를 마시다] and relax away from the pressures of city life. Pensions in the mountains and near beaches are especially popular. Anyways, as for what people do at pensions, they always barbecue and enjoy some drinks. They shop for groceries before arriving at the pension, and then they can relax, cook all their food, and drink [그들이 원하는 만큼]. Families like going to pensions together. Groups of friends like renting pensions together, too.

펜션은 하룻밤을 빌릴 수 있는 방이고 주로 조용하며 한적한 곳에 있어요. 사람들은 붐비는 도시에서 벗어나고 싶어 해요. 신선한 공기도 마시고 도시 생활의 압박감에서 벗어나 휴식을 취하고 싶어 해요. 산이나 해변 근처에 있는 펜션이 특히 인기가 있어요. 여하튼, 펜션에서 사람들이 주로 하는 것은 고기를 구워 먹으며 술을 즐기는 거예요. 그곳에 가기 전에 미리 장을 보고, 도착하면 휴식을 좀 취하다가 모든 음식을 요리하고 마시고 싶은 만큼 술을 마시죠. 가족들이 함께 펜션 가는 것을 좋아하죠. 친구들끼리도 함께 펜션가는 것을 좋아해요.

| 마무리

I think pensions are probably the most popular [여행지], for people in my country.

우리나라 사람들이 가장 많이 찾는 곳이 펜션일 것 같아요.

모범 답안

extra free time / countryside / rent / secluded / get away from / crowded / get some fresh air / as much as they want / destination

Q5 자유 시간에 가는 장소

Where do people in your country go to in their free time? Do they go to beaches? Do they go to parks or any other places? What are some popular locations that people go in their free time?

당신 나라의 사람들은 시간이 있을 때 어디를 가나요? 바다에 가나요? 혹은 공원이나 다른 곳으로 가나요? 사람들이 자유 시간에 가는 유명한 장소로 어떤 곳이 있나요?

모범답변   🔊 MP3 4_10

| 도입부

지방에 있는 펜션에 감
go to pensions in the countryside

Like in every other country, people enjoy going to bars and restaurants. But, when they have extra free time, they like to go to pensions in the countryside.

다른 나라와 마찬가지로, 우리나라 사람들도 식당이나 바에 가는 것을 좋아해요. 하지만, 남는 여가 시간이 있을 때는 지방에 있는 펜션에 가는 것을 좋아해요.

| 본문

• 붐비는 도시에서 벗어나고 싶어함
  want to get away from the crowded city

• 고기 구워 먹고 술을 즐김
  barbecue and enjoy some drinks

• 가족들이 함께 펜션 가는 것 좋아함
  families like going to pensions together

Pensions are rooms you can rent for the night, and they are usually in quiet and secluded places. People want to get away from the crowded city. They can get some fresh air and relax away from the pressures of city life. Pensions in the mountains and near beaches are especially popular. Anyways, as for what people do at pensions, they always barbecue and enjoy some drinks. They shop for groceries before arriving at the pension, and then they can relax, cook all their food, and drink as much as they want. Families like going to pensions together. Groups of friends like renting pensions together, too.

펜션은 하룻밤을 빌릴 수 있는 방이고 주로 조용하며 한적한 곳에 있어요. 사람들은 붐비는 도시에서 벗어나고 싶어 해요. 신선한 공기도 마시고 도시 생활의 압박감에서 벗어나 휴식을 취하고 싶어 해요. 산이나 해변 근처에 있는 펜션이 특히 인기가 있어요. 여하튼, 펜션에서 사람들이 주로 하는 것은 고기를 구워 먹으며 술을 즐기는 거예요. 그곳에 가기 전에 미리 장을 보고, 도착하면 휴식을 좀 취하다가 모든 음식을 요리하고 마시고 싶은 만큼 술을 마시죠. 가족들이 함께 펜션 가는 것을 좋아하죠. 친구들끼리도 함께 펜션가는 것을 좋아해요.

| 마무리

펜션이 가장 많이 찾는 곳임
the most popular destination

I think pensions are probably the most popular destination for people in my country.

우리나라 사람들이 가장 많이 찾는 곳이 펜션일 것 같아요.

고득점 어휘/표현

어휘/표현

secluded 한적한, 외딴   pressure 압박감   grocery 식료품   destination (여행의) 목적지

Q6 최근 자유 시간

Tell me about the last time you had some free time. When was it? What did you do? Who did you spend time with?

최근에 가진 자유 시간에 대해 말해주세요. 언제였나요? 무엇을 했나요? 누구와 함께 시간을 보냈나요?

모범답변

│도입부

My husband and I both had some free time, so we went to a nice pension in the countryside.

남편과 저 둘 다 여가 시간이 생겨서, 지방에 있는 멋진 펜션에 갔어요.

│본문

There was a three-day weekend last month, so I booked a pension in Yangpyeong for us. It was a 차로 2시간 거리 from our home. We wanted to enjoy some time outside before winter started. We 특히 wanted to see the fall colors. Anyway, my husband drove, and we stopped at a grocery store near our pension. We bought some meat, snacks, and beer to drink. At the pension, we relaxed and 풍경을 감상했다 . Around dinner time, my husband grilled the meat, and I prepared some side dishes. It was perfect. 어떤 이 유에선지, 왠지 모르겠지만 meat always tastes better when you grill it at a pension. We shared a few more drinks after dinner, and then we slept comfortably in the 안락한 bed. We drove home in the morning, totally 상쾌한 .

지난 달에는 3일 연휴가 있어서 양평에 있는 펜션을 예약했죠. 집에서 차로 2시간 거리였어요. 겨울이 오기 전에 야외에서 시간을 좀 보내고 싶었어요. 특히 가을의 색깔을 즐기고 싶었죠. 여하튼, 남편이 운전을 했고 펜션 근처에 있는 식료품점에 들렀어요. 고기 조금, 과자, 마실 맥주를 샀죠. 펜션에서, 우리는 휴식을 취하며 풍경을 감상했어요. 저녁 시간쯤에, 남편이 고기를 구웠고 저는 밑반찬을 준비했어요. 너무나 완벽했죠. 왠지 모르겠지만, 펜션에서 먹는 고기는 항상 훨씬 맛있어요. 식사를 마치고 몇 잔 더 마시다가 안락한 침대에서 편하게 잠을 잤어요. 아침에 매우 상쾌하게 다시 집으로 돌아왔죠.

│마무리

It was a 일반적인 pension trip, but it was fun as always.

일반적인 펜션에서의 여행이지만 언제나처럼 재밌었어요.

모범 답안

two-hour drive / especially / enjoyed the scenery / For some reason / cozy / refreshed / typical

Tell me about the last time you had some free time. When was it? What did you do? Who did you spend time with?

최근에 가진 자유 시간에 대해 말해주세요. 언제였나요? 무엇을 했나요? 누구와 함께 시간을 보냈나요?

모범답변

🔊 MP3 4_12

| 도입부

남편과 지방에 있는 멋진 펜션에 감
my husband and I went to a nice pension in the countryside

My husband and I both had some free time, so we went to a nice pension in the countryside.

남편과 저 둘 다 여가시간이 생겨서, 지방에 있는 멋진 펜션에 갔어요.

| 본문

- 겨울이 오기 전 야외 활동을 하고 싶었음
  enjoy some time outside before winter started

- 휴식을 취하며 풍경을 감상함
  relaxed and enjoyed the scenery

- 고기를 굽고, 밑반찬을 준비함
  grilled the meat, prepared some side dishes

- 편하게 잠을 잠
  slept comfortably

There was a three-day weekend last month, so I booked a pension in Yangpyeong for us. It was a two-hour drive from our home. We wanted to enjoy some time outside before winter started. We especially wanted to see the fall colors. Anyway, my husband drove, and we stopped at a grocery store near our pension. We bought some meat, snacks, and beer to drink. At the pension, we relaxed and enjoyed the scenery. Around dinner time, my husband grilled the meat, and I prepared some side dishes. It was perfect. For some reason, meat always tastes better when you grill it at a pension. We shared a few more drinks after dinner, and then we slept comfortably in the cozy bed. We drove home in the morning, totally refreshed.

지난 달에는 3일 연휴가 있어서 양평에 있는 펜션을 예약했죠. 집에서 차로 2시간 거리였어요. 겨울이 오기 전에 야외에서 시간을 좀 보내고 싶었어요. 특히 가을의 색깔을 즐기고 싶었죠. 여하튼, 남편이 운전을 했고 펜션 근처에 있는 식료품점에 들렀어요. 고기 조금, 과자, 마실 맥주를 샀죠. 펜션에서, 우리는 휴식을 취하며 풍경을 감상했어요. 저녁 시간쯤에, 남편이 고기를 구웠고 저는 밑반찬을 준비했어요. 너무나 완벽했죠. 왠지 모르겠지만, 펜션에서 먹는 고기는 항상 훨씬 맛있어요. 식사를 마치고 몇 잔 더 마시다가 안락한 침대에서 편하게 잠을 잤어요. 아침에 매우 상쾌하게 다시 집으로 돌아왔죠.

| 마무리

언제나처럼 재밌었음
fun as always

It was a typical pension trip, but it was fun as always.

일반적인 펜션에서의 여행이지만 언제나처럼 재밌었어요.

고득점 어휘/표현

어휘/표현

stop at ~ ~에 들르다   grocery store 식료품점   for some reason 무슨 이유인지, 웬일인지   typical 보통의, 일반적인

Q7 과거와 현재의 자유 시간

Talk about your free time in the past. Did you have more free time or less free time back then? How was it different from your free time now?

과거 당신의 자유 시간에 대해 말해주세요. 그 때는 지금 보다 여가 시간이 더 많았나요, 아니면 더 적었나요? 지금의 자유 시간과 어떻게 다른 가요?

모범답변

| 도입부

I can easily say that I did not have much free time at all in the past, especially when I was a student.

특히 제가 학생이었을 때는, 과거에 여가시간이 아예 없었다고 말할 수 있어요.

| 본문

My mom 반드시 ~ 하도록 했다 that I was always studying. So, I never had much free time. I spent all day at school, and then I went to 학원 in the evening. Of course, I had to do my homework at night once I got home. I was even busy on the weekends because I had 개인 과외 수업 on Saturdays. My schedule was always full. It was exhausting and stressful. Plus, it only got worse during my 최고의, 마지막 year. I had to study full-time for the 대학 입학 시험 . I didn't have any free time until university.

엄마는 늘 공부를 시키셨어요. 그래서 여가시간을 가져본 적이 별로 없죠. 하루 종일 학교에서 시간을 보내고, 그 후엔 저녁에 학원을 갔거든요. 물론 밤에 집에 오자마자 숙제를 해야 했어요. 토요일마다 개인 과외 수업이 있었기 때문에 주말 역시 바빴어요. 제 스케줄은 항상 꽉 차 있었죠. 너무나 지치고 스트레스가 많았어요. 게다가, 마지막 학년이 되었을 때 상황은 악화될 뿐이었죠. 대학 입학 시험을 위해 하루 종일 공부해야 했어요. 대학 입학 전까지는 전혀 여가시간이 없었어요.

| 마무리

Again, I was always busy. I guess all the studying was 가치가 있는 , maybe.

다시 한번 말하자면, 저는 늘 바빴어요. 그래도 그동안의 공부가 가치가 있었던 것 같아요.

모범답안

made sure / extra classes / private tutoring / senior / college entrance exam / worth it

Q7 **과거와 현재의 자유 시간**

Talk about your free time in the past. Did you have more free time or less free time back then? How was it different from your free time now?

과거 당신의 자유 시간에 대해 말해주세요. 그 때는 지금 보다 여가 시간이 더 많았나요, 아니면 더 적었나요? 지금 자유 시간과 어떻게 다른가요?

모범답변　　　　　　　　　　　　　　　　　　　　　　　　　🔊 MP3 4_14

| 도입부

과거에 여가시간이 거의 없었음
did not have much free time at all in the past

> I can easily say that I did not have much free time at all in the past, especially when I was a student.
>
> 특히 제가 학생이었을 때는, 과거에 여가시간이 거의 없었다고 말할 수 있어요.

| 본문

• 엄마가 항상 공부를 시킴
　made sure that I was always studying

• 하루 종일 학교에 있고, 저녁엔 학원을 감
　spent all day at school, went to extra classes in the evening

• 마지막 학년 동안 더 악화됨
　only got worse during my senior year

> My mom made sure that I was always studying. So, I never had much free time. I spent all day at school, and then I went to extra classes in the evening. Of course, I had to do my homework at night once I got home. I was even busy on the weekends because I had private tutoring on Saturdays. My schedule was always full. It was exhausting and stressful. Plus, it only got worse during my senior year. I had to study full-time for the college entrance exam. I didn't have any free time until university.
>
> 엄마는 항상 공부를 시키셨어요. 그래서 여가시간을 가져본 적이 별로 없죠. 하루 종일 학교에서 시간을 보내고, 그 후엔 저녁에 학원을 갔거든요. 물론 밤에 집에 오자마자 숙제를 해야 했어요. 토요일마다 개인 과외 수업이 있었기 때문에 주말 역시 바빴어요. 제 스케줄은 항상 꽉 차 있었죠. 너무나 지치고 스트레스가 많았어요. 게다가, 마지막 학년이 되었을 때 상황은 악화될 뿐이었죠. 대학 입학 시험을 위해 하루 종일 공부해야 했어요. 대학 입학 전까지는 전혀 여가시간이 없었어요.

| 마무리

그동안의 공부는 가치 있었음
all the studying was worth it

> Again, I was always busy. I guess all the studying was worth it, maybe.
>
> 다시 한번 말하자면, 저는 늘 바빴어요. 그래도 그동안의 공부가 가치가 있었던 것 같아요.

　　　　　　　　　　　　　　　　　　　　　　　　　　　　　고득점 어휘/표현

어휘/표현

make sure ~ ~을 확실히 하다, ~임을 확인하다　　extra classes 과외 수업, 학원 수업　　once 일단 ~하면, ~하자마자　　get worse 악화되다
worth it 그만한 가치가 있는

- 자유 시간에 가는 장소

- 최근 자유 시간

- 과거와 현재의 자유 시간

STEP 1 기출 포인트 파악하기

가장 많이 나오는 3 COMBO 세트

❶ 좋아하는 음악/가수

You indicated that you like to listen to music. What type of music do you like listening to? Plus, who is your favorite singer or composer? What is special about his or her music?

당신은 음악 감상을 좋아한다고 답했습니다. 어떤 장르의 음악을 좋아하나요? 또한, 당신이 가장 좋아하는 가수나 작곡가는 누구인가요? 그나 그녀의 음악에서 어떠한 점이 특별한가요?

❷ 음악을 듣는 경향

When and where do you like to listen to music? Why do you listen to music?

언제, 어디에서 음악을 듣나요? 음악을 듣는 이유는 무엇인가요?

❸ 라이브 음악을 들으러 간 경험

Tell me about a time when you went to listen to some live music. Perhaps it was at a concert or a live cafe. What was the mood like and how did you like the music you listened to there?

라이브 음악을 들으러 갔던 때에 대해 말해주세요. 아마 콘서트나 라이브 카페에서 있었던 일이겠죠. 그 곳의 분위기는 어땠고, 그곳에서 들은 음악은 어땠나요?

오픽 꿀팁 추가 빈출 문제

• 음악 취향의 변화 (Q14)

What kind of music did you listen to when you were young? How was that music different from the music you listen to today? How has your interest in music changed over the years?

당신이 어렸을 때 어떤 종류의 음악을 들었나요? 요즘 듣는 음악과 어떻게 다른가요? 세월이 흐르면서 음악에 대한 당신의 관심사는 어떻게 변했나요?

• 요즘 언급되는 음악 관련 기기 (Q15)

Explain some of the new electronic gadgets or equipment that people who enjoy music are currently interested in. What hot topics or trends are they discussing? Describe some of the new products that they are excited about and why.

음악을 즐기는 사람들이 현재 관심을 가지고 있는 새로운 전자기기 또는 장비에 대해 설명해 주세요. 그들이 논하는 최대 관심사나 트렌드는 무엇인가요? 그들이 열광하는 신제품과 그 이유에 대해 설명해 주세요.

제시된 오늘의 어휘와 패턴을 익히고 답변에 사용하고자 하는 어휘나 패턴에 체크해보세요.

어휘

☐	종류	type
☐	클래식 음악	classical music
☐	긴장을 풀다	unwind
☐	매우 다양한	a wide variety of
☐	침착한, 차분한	calm
☐	운동하다	work out
☐	신나는, 명랑한	upbeat
☐	동기를 부여하다	motivate
☐	빠른 속도	fast pace
☐	국제 여행, 해외 투어	international tour
☐	장소, 개최지	venue
☐	꽉 찬, 만원인	packed
☐	따라 부르다	sing along

패턴

• I'd have to say   ~인 것 같다, ~라고 생각하다

As for my favorite composer, I'd have to say Chopin.
가장 좋아하는 작곡가라면 쇼팽이라고 생각합니다.
_____ K-pop is so famous all around the world.
케이팝은 전세계에서 유명하다고 생각합니다.

• get the most out of   ~을 최대한 활용하다

It helps me get the most out of my exercise.
그것은 내 운동을 최대한 활용할 수 있도록 도와줘요.
I want to _____ this concert.
이번 콘서트를 최대한 즐기고 싶습니다.

• without a doubt   확실히, 의심할 여지없이

Without a doubt, it was the best concert I've been to. I hope they come back again.
확실히 제가 가본 콘서트 중에 최고였습니다.
_____, he is the best artist ever.
확실히 그는 최고의 아티스트입니다.

나만의 문장 만들기

주어진 우리말을 보고 빈칸을 채우고 아래 모범 답안을 확인해보세요.

❶ 좋아하는 음악/가수 – 클래식 음악

어떤 장르든 좋아함	I can enjoy 　어떤 장르의　 music.
혼자 있을 때는 클래식 음악 듣는 걸 가장 좋아함	When I'm by myself, I like listening to 　클래식 음악　 the most.
긴장을 풀기 위해 클래식 음악을 들음	For the most part, I listen to classical music to 　긴장을 풀다　.

❷ 좋아하는 음악/가수 – 좋아하는 작곡가

좋아하는 작곡가는 쇼팽	~에 대해 말하자면　 my favorite composer, I'd have to say Chopin.
그의 음악은 아름다움	His music is so 　아름다운　 to me.
집중하거나 스트레스 받을 때 진정할 수 있게 도와줌	It 　~하도록 돕다　 me 　집중하다　, and it always calms me down when I'm stressed.

❸ 음악을 듣는 경향

주로 체육관에서 운동을 하며 들음	I always listen to music when I'm 　운동하다　 at the gym.
신나는 노래로 재생 목록을 만듦	I even make playlists 　~로 가득 찬　 upbeat songs.
주로 힙합이나 케이팝을 들음	주로　 they are hip-hop or K-pop songs.

❹ 라이브 음악을 들으러 간 경험

티켓은 매진되고 콘서트는 꽉 참	If I remember correctly, the tickets 　매진되다　, so the concert was 　꽉 찬　.
관중의 분위기는 엄청났음	The mood of the 　관중　 was fantastic.
모두 노래를 따라 부름	Everyone 　~를 따라 불렀다　 each song.

모범답안

❶ any type of / classical music / unwind
❷ As for / beautiful / helps / focus
❸ working out / full of / Usually
❹ sold out / packed / crowd / sang along with

실전 문제를 듣고 빈칸을 채우거나 소리내 말해보고 아래 모범 답안을 확인해보세요.

🔊 MP3 4_15

Q8 **좋아하는 음악/가수**

You indicated that you like to listen to music. What type of music do you like listening to? Plus, who is your favorite singer or composer? What is special about his or her music?

당신은 음악 감상을 좋아한다고 답했습니다. 어떤 장르의 음악을 좋아하나요? 또한, 당신이 가장 좋아하는 가수나 작곡가는 누구인가요? 그나 그녀의 음악에서 어떠한 점이 특별한가요?

모범답변

| 도입부

I can enjoy any [장르] of music, but when I'm by myself, I like listening to [클래식 음악] the most.

어떤 장르의 음악이든 다 좋아하지만, 혼자 있을 때는 클래식 음악을 듣는 걸 가장 좋아해요.

| 본문

For the most part, I listen to classical music to [긴장을 풀다] . I close my eyes and focus on the music. It's especially nice in the evening after a long day at work. Plus, there's [매우 다양한] classical music. I can listen to something slow and peaceful. Or, if I need something more energetic, then I can listen to a fast and intense song. Classical music is special to me, too, because I [~하곤 했다] listen to it with my parents growing up. As for my favorite composer, I'd have to say Chopin. His music is so beautiful to me. It helps me focus, and it always [진정시키다] me down when I'm [스트레스를 받는] .

보통 저는 긴장을 풀기 위해 클래식 음악을 들어요. 두 눈을 감고 음악에 집중하죠. 직장에서 긴 하루를 보내고 저녁에 들으면 특히 좋아요. 게다가, 정말 다양한 종류의 클래식 음악이 있어요. 느리고 평화로운 음악을 들을 수도 있어요. 혹은, 좀 더 활기가 필요하면 빠르고 격렬한 음악을 들을 수 있어요. 제가 자라면서 부모님과 함께 클래식 음악을 듣곤 했기 때문에 이 음악은 저에게 참 특별하기도 해요. 가장 좋아하는 작곡가라면 쇼팽이라고 생각해요. 그의 음악은 정말 아름다워요. 제가 집중할 수 있게 해주고, 항상 스트레스 받는 상황에서 진정할 수 있게 도와줘요.

| 마무리

That's about it. Music is [삶의 큰 부분] .

그게 다예요. 음악은 제 삶의 큰 부분을 차지해요.

모범 답안

type / classical music / unwind / a wide variety of / used to / calms / stressed / a big part of my life

Q8 좋아하는 음악/가수

You indicated that you like to listen to music. What type of music do you like listening to? Plus, who is your favorite singer or composer? What is special about his or her music?

당신은 음악 감상을 좋아한다고 답했습니다. 어떤 장르의 음악을 좋아하나요? 또한, 당신이 가장 좋아하는 가수나 작곡가는 누구인가요? 그나 그녀의 음악에서 어떠한 점이 특별한가요?

모범답변

MP3 4_16

| 도입부

클래식 음악 가장 좋아함
like listening to classical music the most

I can enjoy any type of music, but when I'm by myself, I like listening to classical music the most.

어떤 장르의 음악이든 다 좋아하지만, 혼자 있을 때는 클래식 음악을 듣는 걸 가장 좋아해요.

| 본문

• 긴장을 풀기 위해 들음
listen to classical music to unwind

• 다양한 종류의 클래식 음악이 있음
a wide variety of classical music

• 가장 좋아하는 작곡가는 쇼팽임
Chopin

For the most part, I listen to classical music to unwind. I close my eyes and focus on the music. It's especially nice in the evening after a long day at work. Plus, there's a wide variety of classical music. I can listen to something slow and peaceful. Or, if I need something more energetic, then I can listen to a fast and intense song. Classical music is special to me, too, because I used to listen to it with my parents growing up. As for my favorite composer, I'd have to say Chopin. His music is so beautiful to me. It helps me focus, and it always calms me down when I'm stressed.

보통 저는 긴장을 풀기 위해 클래식 음악을 들어요. 두 눈을 감고 음악에 집중하죠. 직장에서 긴 하루를 보내고 저녁에 들으면 특히 좋아요. 게다가, 정말 다양한 종류의 클래식 음악이 있어요. 느리고 평화로운 음악을 들을 수도 있어요. 혹은, 좀 더 활기가 필요하면 빠르고 격렬한 음악을 들을 수 있어요. 제가 자라면서 부모님과 함께 클래식 음악을 듣곤 했기 때문에 이 음악은 저에게 참 특별하기도 해요. 가장 좋아하는 작곡가라면 쇼팽이라고 생각해요. 그의 음악은 정말 아름다워요. 제가 집중할 수 있게 해주고, 항상 스트레스 받는 상황에서 진정할 수 있게 도와줘요.

| 마무리

삶의 큰 부분을 차지함
a big part of my life

That's about it. Music is a big part of my life.

그게 다예요. 음악은 제 삶의 큰 부분을 차지해요.

고득점 어휘/표현

어휘/표현

for the most part 대개, 보통   unwind 긴장을 풀다, 마음을 편하게 하다   intense 강렬한, 격렬한   would have to say ~ 아마 ~일 것 같다, ~라고 생각하다

Q9 음악을 듣는 경향

When and where do you like to listen to music? Why do you listen to music?
언제, 어디에서 음악을 듣나요? 음악을 듣는 이유는 무엇인가요?

모범답변

| 도입부

I always listen to music when I'm 운동을 하다 at the gym. It helps me ~을 최대한으로 활용하다 my exercise.

전 항상 체육관에서 운동을 하며 음악을 들어요. 그것은 내 운동을 최대한 활용할 수 있도록 도와줘요.

| 본문

I go to the gym 여러 times a week, and I always listen to music on my phone when I'm there. I even 재생 목록을 만들다 full of 신나는, 즐거운 songs. Usually they are hip-hop or K-pop songs. It can be hard to focus on my work out, especially if I'm tired, but the right music always 동기부여를 하다 me to do my best. For example, music's especially helpful when I run on the 러닝 머신 . I match the beat of the song and keep a 빠른 속도 . Oh, and when my playlist ends, I also know that I've worked out long enough. I wouldn't be able to exercise well at the gym without music.

일주일에 여러 번 체육관에 가는데, 갈 때마다 늘 핸드폰으로 음악을 들어요. 신나는 노래로만 가득 찬 재생 목록을 만들기도 했어요. 주로 힙합이나 케이팝 음악이죠. 특히 몸이 피곤한 상황에서는 운동에 집중하기가 힘들 때도 있지만, 알맞은 노래는 최선을 다해 운동할 수 있도록 항상 동기부여를 해줘요. 예를 들어, 러닝 머신을 뛸 때 특히 큰 도움이 돼요. 제가 음악의 비트에 맞춰 빠른 속도를 유지하거든요. 아, 그리고 재생 목록이 다 끝나면, 제가 충분히 오래 운동했다는 것도 알 수 있어요. 체육관에서 음악 없이는 이렇게 잘 운동할 수 없을 거예요.

| 마무리

I listen to music 다른 때에는 , but it's 가장 중요한 to me when I'm at the gym.

다른 때에도 음악을 듣기는 하지만, 체육관에서 듣는 것이 가장 중요해요.

모범답안

working out / get the most out of / several / make playlists / upbeat / motivates / treadmill / fast pace / at other times / most important

When and where do you like to listen to music? Why do you listen to music?

언제, 어디에서 음악을 듣나요? 음악을 듣는 이유는 무엇인가요?

모범답변

🔊 MP3 4_18

| 도입부

운동하며 음악을 들음
when I'm working out at the gym

I always listen to music when I'm working out at the gym. It helps me get the most out of my exercise.

전 항상 체육관에서 운동을 하며 음악을 들어요. 그것은 내 운동을 최대한 활용할 수 있도록 도와줘요.

| 본문

• 신나는 노래로 가득 찬 재생 목록을 만듦
make playlists full of upbeat songs

• 항상 동기부여 해줌
always motivates me

• 노래가 끝나면 충분히 오래 운동했다는 것 알 수 있음
know that I've worked out long enough

I go to the gym several times a week, and I always listen to music on my phone when I'm there. I even make playlists full of upbeat songs. Usually they are hip-hop or K-pop songs. It can be hard to focus on my work out, especially if I'm tired, but the right music always motivates me to do my best. For example, music's especially helpful when I run on the treadmill. I match the beat of the song and keep a fast pace. Oh, and when my playlist ends, I also know that I've worked out long enough. I wouldn't be able to exercise well at the gym without music.

일주일에 여러 번 체육관에 가는데, 갈 때마다 늘 핸드폰으로 음악을 들어요. 신나는 노래로만 가득 찬 재생 목록을 만들기도 했어요. 주로 힙합이나 케이팝 음악이죠. 특히 몸이 피곤한 상황에서는 운동에 집중하기가 힘들 때도 있지만, 알맞은 노래는 최선을 다해 운동할 수 있도록 항상 동기부여를 해줘요. 예를 들어, 러닝 머신을 뛸 때 특히 큰 도움이 돼요. 제가 음악의 비트에 맞춰 빠른 속도를 유지하거든요. 아, 그리고 재생 목록이 다 끝나면, 제가 충분히 오래 운동했다는 것도 알 수 있어요. 체육관에서 음악 없이는 이렇게 잘 운동할 수 없을 거예요.

| 마무리

체육관에서 듣는 것이 가장 중요
most important to me when I'm at the gym

I listen to music at other times, but it's most important to me when I'm at the gym.

다른 때에도 음악을 듣기는 하지만, 체육관에서 듣는 것이 가장 중요해요.

고득점 어휘/표현

어휘/표현

get the most out of ~ ~을 최대한 활용하다   upbeat 신나는, 명랑한   motivate ~의 이유가 되다, 동기를 부여하다   treadmill 러닝머신

Q10 라이브 음악을 들으러 간 경험

Tell me about a time when you went to listen to some live music. Perhaps it was at a concert or a live cafe. What was the mood like and how did you like the music you listened to there?

라이브 음악을 들으러 갔던 때에 대해 말해주세요. 아마 콘서트나 라이브 카페에서 있었던 일이겠죠. 그 곳의 분위기는 어땠고, 그곳에서 들은 음악은 어땠나요?

모범답변

| 도입부

My favorite band did an [해외 투어] a couple of years ago and came to Seoul. I was so [신나는] that I bought tickets [~하자마자] they went on sale.

제가 제일 좋아하는 밴드가 2년 전쯤 해외 투어를 해서 서울에 온 적이 있어요. 전 정말 신나서 판매를 시작하자마자 티켓을 사버렸어요.

| 본문

I went by myself because my friend couldn't go. I was a little nervous, but I was still excited. If I remember correctly, the tickets sold out, so the concert was [(사람들이)꽉 찬] . The band started playing, and I immediately felt better. The mood of the crowd was fantastic. The music really brought us all together. Everyone [노래를 따라 불렀다] with each song. The band [~해 보였다] to really enjoy playing for us. It was my favorite band, so of course I loved the music. It was so great hearing all the songs live.

친구는 갈 수 없는 상황이라 혼자 갔어요. 조금 긴장됐지만 그래도 너무나 신났어요. 제 기억이 맞다면, 티켓이 매진돼서 콘서트가 꽉 찼어요. 밴드가 공연을 시작하니 바로 기분이 더 좋아졌어요. 관중의 분위기는 엄청났죠. 음악이 우리 모두 정말 하나가 되게 했죠. 모든 노래를 다 함께 따라 불렀어요. 그 밴드는 팬들을 위해 진심으로 즐겁게 연주하는 것 같아보였거든요. 좋아하는 밴드이기 때문에 당연히 그들의 노래가 좋았어요. 모든 노래들을 라이브로 들을 수 있어서 기뻤어요.

| 마무리

[확실히, 틀림없이,] it was the best concert I've been to. I hope they come back again.

확실히 제가 가본 콘서트 중에 최고였어요. 그들이 다음에 또 내한했으면 좋겠네요.

모범 답안

international tour / excited / as soon as / packed / sang along / seemed / Without a doubt

Tell me about a time when you went to listen to some live music. Perhaps it was at a concert or a live cafe. What was the mood like and how did you like the music you listened to there?

라이브 음악을 들으러 갔던 때에 대해 말해주세요. 아마 콘서트나 라이브 카페에서 있었던 일이겠죠. 그 곳의 분위기는 어땠고, 그곳에서 들은 음악은 어땠나요?

모범답변

MP3 4_20

| 도입부

2년 전쯤
a couple of years ago

My favorite band did an international tour a couple of years ago and came to Seoul. I was so excited that I bought tickets as soon as they went on sale.

제가 제일 좋아하는 밴드가 2년 전쯤 해외 투어를 해서 서울에 온 적이 있어요. 전 정말 신나서 판매를 시작하자마자 티켓을 사버렸어요.

| 본문

• 티켓 매진되고, 콘서트는 꽉 참
the tickets sold out, so the concert was packed

• 분위기는 엄청났음
fantastic

• 모두 노래를 따라 부름
Everyone sang along

I went by myself because my friend couldn't go. I was a little nervous, but I was still excited. If I remember correctly, the tickets sold out, so the concert was packed. The band started playing, and I immediately felt better. The mood of the crowd was fantastic. The music really brought us all together. Everyone sang along with each song. The band seemed to really enjoy playing for us. It was my favorite band, so of course I loved the music. It was so great hearing all the songs live.

친구는 갈 수 없는 상황이라 혼자 갔어요. 조금 긴장됐지만 그래도 너무나 신났어요. 제 기억이 맞다면, 티켓이 매진돼서 콘서트가 꽉 찼어요. 밴드가 공연을 시작하니 바로 기분이 더 좋아졌어요. 관중의 분위기는 엄청났죠. 음악이 우리 모두 정말 하나가 되게 했죠. 모든 노래를 다 함께 따라 불렀어요. 그 밴드는 팬들을 위해 진심으로 즐겁게 연주하는 것 같아보였거든요. 좋아하는 밴드이기 때문에 당연히 그들의 노래가 좋았어요. 모든 노래들을 라이브로 들을 수 있어서 기뻤어요.

| 마무리

최고의 콘서트
the best concert

Without a doubt, it was the best concert I've been to. I hope they come back again.

확실히 제가 가본 콘서트 중에 최고였어요. 그들이 다음에 또 내한했으면 좋겠네요.

고득점 어휘/표현

어휘/표현

on sale 판매되는, 구입할 수 있는   sold out 다 팔린, 매진된   packed 꽉 찬, 만원인   immediately 곧, 바로   bring ~ together ~을 묶다, 합치다, ~을 화해시키다   sing along 따라 부르다   without a doubt 확실히, 의심할 여지없이

STEP 5 나만의 OPIc 답변 만들어 보기

• 좋아하는 음악/가수

• 음악을 듣는 경향

• 라이브 음악을 들으러 간 경험

★★★★☆

DAY **6**

Q **11 12 13**
휴대폰(휴대전화 구매)

DATE_____

음성강의 듣기

STEP 1 **기출 포인트 파악하기**

가장 많이 나오는 3 COMBO 세트

❶ 휴대폰 구매 질문

I'd like to give you a situation to act out. Imagine that you are shopping for a new phone. Call the store and ask three to four questions to the store clerk about smartphones.

당신에게 주어진 상황에 대해 역할극을 해주세요. 새로운 휴대폰을 사려고 하는 상황을 상상해주세요. 매장에 전화해서 점원에게 휴대폰에 대해 서너 가지 질문을 해주세요.

❷ 빌린 물건 고장 낸 상황 문제 해결

I'm sorry, but there's a problem that you need to resolve. You recently borrowed a pair of headphones from your friend, but you accidentally broke them. Call your friend, explain the problem, and provide two to three solutions to the problem.

안타깝지만, 당신이 해결해야 할 문제가 있습니다. 최근 친구에게 헤드폰을 빌렸는데, 당신이 실수로 그것을 고장 냈습니다. 친구에게 전화해서 상황을 설명하고, 문제를 해결할 수 있는 두세 가지 해결책을 제시해주세요.

❸ 빌린 물건을 고장 낸 경험

That's the end of the situation. Have you ever broken something that you borrowed from a friend? When and how did it happen? What was the item? Was it valuable? How did you resolve the problem?

상황극이 종료되었습니다. 친구에게 빌린 물건을 고장 낸 적이 있나요? 그 일이 언제, 어떻게 일어났나요? 그 물건은 무엇이었나요? 귀중품이었나요? 그 문제를 어떻게 해결했나요?

오픽 꿀팁

롤플레이에서는 주제에 관계없이 질문(문의)하기 - 문제 상황 해결책 제시 - 경험/묘사의 순서로 문제가 나온다. 각 문제에서 주제에 관계없이 쓸 수 있는 표현 및 패턴을 익혀서 다른 문제에도 적용해 보는 연습을 하는 것이 중요하다.

제시된 오늘의 어휘와 패턴을 익히고 답변에 사용하고자 하는 어휘나 패턴에 체크해보세요.

어휘

☐	다양한 상품	a wide selection
☐	특별 할인	special promotion
☐	~을 (여러 개 중에서) 고르다	pick out
☐	잘못하여, 실수로	accidentally
☐	(밑으로) 떨어지다	fall off
☐	보증 기간중인	under warranty
☐	추가 비용	extra cost
☐	배송비	shipping cost
☐	독서광	big reader

패턴

• I'm calling to ask about ~   ~에 관해 물어보려고 전화하다

I'm calling to ask about some of the new models.
새로운 모델들에 대해 여쭤보려고 전화했어요.

_____ a warranty.
보증기간에 대해 여쭤보려고 전화했어요.

• take care of   ~ 을 수습하다, 처리하다

I'll take care of everything.
제가 모든 것을 처리하겠습니다.

Let me _____ repairing your phone.
당신의 핸드폰을 수리하는 것을 제가 처리하겠습니다.

나만의 문장 만들기

주어진 우리말을 보고 빈칸을 채우고 아래 모범 답안을 확인해보세요.

❶ 휴대폰 구매 질문 – 상황 설명

새로운 스마트폰 구입에 관심이 있음	I 　~에 관심이 있다　 buying a new smartphone.
매장에 다양한 상품이 있다고 알고 있음	I know your store has 　다양한 상품　 .
새로운 모델에 대해 물어보려고 전화함	I'm calling to ask about some of 　새로운 모델　 .

❷ 휴대폰 구매 질문 – 궁금한 점

첫째로, 가장 최신 모델의 크기는 얼마나 큰지	First, how large are 　가장 최신의　 models?
둘째로, 스타일러스펜이 포함된 핸드폰이 있는지	Second, do you have any phones that 　~가 포함되다, ~와 함께 나오다　 a stylus pen?
마지막으로, 특별 할인이 있는지	Finally, do you have any 　특별 할인　 right now?

❸ 빌린 물건 고장 낸 상황 문제 해결 – 상황 설명

할 말이 있음	There's 　무언가　 I need to tell you.
오늘 아침 체육관에서 사용하고 있었음	I was using them at the gym 　오늘 아침에　 .
러닝 머신 위에서 떨어뜨림	They 　떨어졌다　 while I was running on 　러닝 머신　 .

❹ 빌린 물건 고장 낸 상황 문제 해결 – 해결책 제안

첫 번째, 아직 보증기간 중인지	First, are your headphones still 　보증기간 중인　 ?
두 번째, 수리가 안되면 새 헤드폰을 사줄 수 있음	Second, if they can't 　수리가 되다　 , then I can buy you some new headphones.
어떻게 하고 싶은지 말해주길 바람	Please, just 　알려줘　 what you'd like to do.

모범 답안

❶ 'm interested in / a wide selection / the new models
❷ the newest / come with / special promotions
❸ something / this morning / fell off / the treadmill
❹ under warranty / be repaired / let me know

실전 문제를 듣고 빈칸을 채우거나 소리내 말해보고 아래 모범 답안을 확인해보세요.

🔊 MP3 4_21

Q11 휴대폰 구매 질문

I'd like to give you a situation to act out. Imagine that you are shopping for a new phone. Call the store and ask three to four questions to the store clerk about smartphones.

당신에게 주어진 상황에 대해 역할극을 해주세요. 새로운 휴대폰을 사려고 하는 상황을 상상해주세요. 매장에 전화해서 점원에게 휴대폰에 대해 서너 가지 질문을 해주세요.

모범답변

ㅣ도입부

Hello! I'm interested in buying a new smartphone, and I know your store has `다양한 상품` . I'm calling to ask about some of the new models.

안녕하세요. 새로운 스마트폰을 사려고 하는데, 당신의 매장에 다양한 상품이 있다고 해서요. 새로운 모델들에 대해 여쭤보려고 전화했어요.

ㅣ본문

First, `얼마나 큰` are the newest models? I've always felt that my `현재의` phone is too small. I would like a larger screen, but the phone still needs to fit `수월하게` in my pocket. If you have the new `접을 수 있는` phones, then they might be perfect for me. Second, do you have any phones that come with a `스타일러스 펜` ? I use one on my tablet, and I absolutely love it. Finally, do you have any `특별 할인` right now? I know the newest phones are `가격이 매우 높은` , so I hope you are `제공하다` deals on last year's models. They're probably good enough for me.

첫째로, 가장 최신 모델의 크기는 얼마나 큰가요? 항상 현재 사용하는 핸드폰이 너무 작다고 느꼈어요. 스크린이 더 크면 좋겠는데, 그래도 핸드폰 자체는 주머니에 쏙 들어가는 크기였으면 좋겠어요. 새로 나온 접이식 핸드폰이 있으면 그게 딱 좋을 것 같아요. 둘째로, 스타일러스 펜이 포함된 핸드폰이 있을까요? 태블릿에 하나를 사용하고 있는데 너무 좋더라고요. 마지막으로, 현재 특별 할인은 없을까요? 최신 핸드폰 가격이 엄청 높다고 알고 있어서, 작년 모델의 경우 할인을 해주시면 좋겠어요. 그 모델들 정도면 충분히 좋을 것 같네요.

ㅣ마무리

Thank you for answering my questions. I'll come in later to `~을 고르다` a phone.

제 질문에 답해 주셔서 감사해요. 나중에 핸드폰을 고르러 갈게요.

모범답안

a wide selection / how large / current / comfortably / folding / stylus pen / special promotions / crazy expensive / offering / pick out

I'd like to give you a situation to act out. Imagine that you are shopping for a new phone. Call the store and ask three to four questions to the store clerk about smartphones.

당신에게 주어진 상황에 대해 역할극을 해주세요. 새로운 휴대폰을 사려고 하는 상황을 상상해주세요. 매장에 전화해서 점원에게 휴대폰에 대해 서너 가지 질문을 해주세요.

모범답변 🔊 MP3 4_22

| 도입부

새로운 모델들 관해 질문
ask about some of the new models

Hello! I'm interested in buying a new smartphone, and I know your store has a wide selection. I'm calling to ask about some of the new models.

안녕하세요. 새로운 스마트폰을 사려고 하는데, 당신의 매장에 다양한 상품이 있다고 해서요. 새로운 모델들에 대해 여쭤보려고 전화했어요.

| 본문

• 최신 모델의 크기는 얼마나 큰지
how large are the newest models

• 스타일러스 펜이 포함된 핸드폰이 있는지
any phones that come with a stylus pen

• 특별 할인을 제공하는지
any special promotions

First, how large are the newest models? I've always felt that my current phone is too small. I would like a larger screen, but the phone still needs to fit comfortably in my pocket. If you have the new folding phones, then they might be perfect for me. Second, do you have any phones that come with a stylus pen? I use one on my tablet, and I absolutely love it. Finally, do you have any special promotions right now? I know the newest phones are crazy expensive, so I hope you are offering deals on last year's models. They're probably good enough for me.

첫째로, 가장 최신 모델의 크기는 얼마나 큰가요? 항상 현재 사용하는 핸드폰이 너무 작다고 느꼈어요. 스크린이 더 크면 좋겠는데, 그래도 핸드폰 자체는 주머니에 쏙 들어가는 크기였으면 좋겠어요. 새로 나온 접이식 핸드폰이 있으면 그게 딱 좋을 것 같아요. 둘째로, 스타일러스 펜이 포함된 핸드폰이 있을까요? 태블릿에 하나를 사용하고 있는데 너무 좋더라고요. 마지막으로, 현재 특별 할인은 없을까요? 최신 핸드폰 가격이 엄청 높다고 알고 있어서, 작년 모델의 경우 할인을 해주시면 좋겠어요. 그 모델들 정도면 충분히 좋을 것 같네요.

| 마무리

대답해줘서 고마움
Thank you for answering

Thank you for answering my questions. I'll come in later to pick out a phone.

제 질문에 답해 주셔서 감사해요. 나중에 핸드폰을 고르러 갈게요.

고득점 어휘/표현

어휘/표현

comfortably 수월하게 stylus pen 컴퓨터 화면에 글, 그림을 위해 쓰는 펜 special promotion 특별 판촉 활동, 특별 할인 offer a deal on ~ ~에 할인을 해주다 pick out ~ ~을 (여러 개 중에서) 고르다, ~을 알아보다

Q12 빌린 물건 고장 낸 상황 문제 해결

I'm sorry, but there's a problem that you need to resolve. You recently borrowed a pair of headphones from your friend, but you accidentally broke them. Call your friend, explain the problem, and provide two to three solutions to the problem.

유감스럽게도, 당신이 해결해야 할 문제가 있습니다. 최근 친구에게 헤드폰을 빌렸는데, 당신이 실수로 그것을 고장 냈습니다. 친구에게 전화해서 상황을 설명하고, 문제를 해결할 수 있는 두세 가지 해결책을 제시해주세요.

모범답변

| 도입부

Hi, this is Juho. How are you doing? I'm really sorry to call with bad news, but there's something I need to tell you.

안녕, 나 주호야. 잘 지내고 있어? 안 좋은 소식으로 전화해서 너무 미안한데 너에게 할 말이 있어.

| 본문

Do you remember lending me your headphones? Well, I was using them at the gym this morning, and they 〔밑으로〕떨어졌다 while I was running on the 러닝 머신 . They hit the ground pretty hard, and now they aren't working. There isn't any sound. I'm so sorry. I feel terrible, so let me tell you what I can do to 이 문제를 해결하다 . First, are your headphones still 보증기간이 남은 ? If they are, then you can get them 수리 받다 . If there are any extra costs, like 배송비 , then I will pay them. I'll take care of everything. Second, if they can't be repaired, then I can buy you some new headphones. You can pick out any pair that you want. I'll pay any amount since it's 모두 나의 잘못 .

지난 번에 헤드폰 빌려준 거 기억해? 오늘 아침에 헬스장에서 쓰고 있었는데, 내가 러닝 머신에서 뛰는 동안에 떨어져버렸어. 바닥에 꽤 세게 부딪쳐서 지금은 작동이 안 되고 있어. 아무 소리도 들리지 않아. 정말 미안해. 너무 미안해서 내가 해결할 수 있는 몇 가지 방법을 말하려고 해. 첫째로, 헤드폰 품질 보증기간이 아직 남아있을까? 그렇다면, 네가 수리를 받을 수 있겠지. 배송비 같은 추가 요금이 든다면, 내가 낼게. 내가 다 처리하면 돼. 둘째로, 수리가 안된다면, 새로운 헤드폰을 하나 사 줄 수 있어. 뭐든지 너가 원하는 걸로 고르면 돼. 다 내 잘못이니까 얼마가 됐든 내가 낼게.

| 마무리

Please, just 나에게 알려주다 what you'd like to do. Again, I'm so sorry.

어떻게 하고 싶은지 알려줘. 다시 한번 정말 미안해.

모범 답안

fell off / treadmill / fix this problem / under warranty / repaired / shipping costs / all my fault / let me know

I'm sorry, but there's a problem that you need to resolve. You recently borrowed a pair of headphones from your friend, but you accidentally broke them. Call your friend, explain the problem, and provide two to three solutions to the problem.

유감스럽게도, 당신이 해결해야 할 문제가 있습니다. 최근 친구에게 헤드폰을 빌렸는데, 당신이 실수로 그것을 고장 냈습니다. 친구에게 전화해서 상황을 설명하고, 문제를 해결할 수 있는 두세 가지 해결책을 제시해주세요.

모범답변

🔊 MP3 4_24

| 도입부

할 말이 있음
something I need to tell you

Hi, this is Juho. How are you doing? I'm really sorry to call with bad news, but there's something I need to tell you.

안녕, 나 주호야. 잘 지내고 있어? 안 좋은 소식으로 전화해서 너무 미안한데 너에게 할 말이 있어.

| 본문

• 뛰다가 헤드폰이 떨어짐
they fell off while I was running

• 보증기간 중인지
under warranty

• 새 헤드폰을 사줄 것임
buy you some new headphones

Do you remember lending me your headphones? Well, I was using them at the gym this morning, and they fell off while I was running on the treadmill. They hit the ground pretty hard, and now they aren't working. There isn't any sound. I'm so sorry. I feel terrible, so let me tell you what I can do to fix this problem. First, are your headphones still under warranty? If they are, then you can get them repaired. If there are any extra costs, like shipping costs, then I will pay them. I'll take care of everything. Second, if they can't be repaired, then I can buy you some new headphones. You can pick out any pair that you want. I'll pay any amount since it's all my fault.

지난 번에 헤드폰 빌려준 거 기억해? 오늘 아침에 헬스장에서 쓰고 있었는데, 내가 러닝 머신에서 뛰는 동안에 떨어져버렸어. 바닥에 꽤 세게 부딪쳐서 지금은 작동이 안 되고 있어. 아무 소리도 들리지 않아. 정말 미안해. 너무 미안해서 내가 해결할 수 있는 몇 가지 방법을 말하려고 해. 첫째로, 헤드폰 품질 보증기간이 아직 남아있을까? 그렇다면, 네가 수리를 받을 수 있겠지. 배송비 같은 추가 요금이 든다면, 내가 낼게. 내가 다 처리하면 돼. 둘째로, 수리가 안된다면, 새로운 헤드폰을 하나 사 줄 수 있어. 뭐든지 너가 원하는 걸로 고르면 돼. 다 내 잘못이니까 얼마가 됐든 내가 낼게.

| 마무리

어떻게 하고 싶은지 알려주길 바람
let me know what you'd like to do

Please, just let me know what you'd like to do. Again, I'm so sorry.

어떻게 하고 싶은지 알려줘. 다시 한번 정말 미안해.

고득점 어휘/표현

어휘/표현

under warranty 보증기간 중인 get repaired 수리받다 shipping cost 배송비 take care of ~ ~을 수습하다, 처리하다

Q13 빌린 물건을 고장 낸 경험

That's the end of the situation. Have you ever broken something that you borrowed from a friend? When and how did it happen? What was the item? Was it valuable? How did you resolve the problem?

상황극이 종료되었습니다. 친구에게 빌린 물건을 고장 낸 적이 있나요? 그 일이 언제, 어떻게 일어났나요? 그 물건은 무엇이었나요? 귀중품이었나요? 그 문제를 어떻게 해결했나요?

모범답변

| 도입부

I remember when I 〔고장 냈다〕 my friend's e-reader. I felt terrible about it.

친구의 전자책 리더기를 고장 냈던 때가 기억납니다. 너무나 미안했죠.

| 본문

My friend was a big reader, and he 〔다운로드 했다〕 a lot of books onto his e-reader. There were some books that I wanted to read, so I borrowed it for my vacation. I was reading it sitting on a beach chair. I 〔갑자기〕 got thirsty and wanted to drink some coffee. When I was about to sit on the chair, I just 〔발을 헛디뎠다〕. So, I 〔쏟았다〕 coffee all over the e-reader. I tried to dry and clean it right away. But it didn't 〔작동하다〕 〔전혀〕, and I felt really sorry. So I bought him a new e-reader.

제 친구는 독서 광이어서 전자책 리더기에 정말 많은 책을 다운받았어요. 그 책들 중 제가 읽고 싶은 몇 권이 있어서 휴가 때 읽으려고 빌렸어요. 해변 의자에 앉아서 책을 읽고 있었어요. 갑자기 목이 말라서 커피를 좀 마시고 싶었죠. 커피 한 잔을 마신 뒤에, 의자에 앉으려고 하는데 발을 헛디뎌버렸어요. 그래서 커피를 전자책 리더기에 쏟아 버렸어요. 바로 말리고 청소를 시도했죠. 하지만 전혀 작동하지 않았고, 너무나 미안했어요. 그래서 친구에게 새 리더기를 사줬어요.

| 마무리

Now I'm 〔특히 더 신경 쓰는〕 when someone kindly let me borrow something.

이제는 누군가가 친절하게 그의 것을 빌려준다고 하면, 특히 더 신경 쓰고 있어요.

모범 답안

broke / downloaded / suddenly / missed my step / spilled / work / at all / extra careful

That's the end of the situation. Have you ever broken something that you borrowed from a friend? When and how did it happen? What was the item? Was it valuable? How did you resolve the problem?

상황극이 종료되었습니다. 친구에게 빌린 물건을 고장 낸 적이 있나요? 그 일이 언제, 어떻게 일어났나요? 그 물건은 무엇이었나요? 귀중품이었나요? 그 문제를 어떻게 해결했나요?

모범답변

MP3 4_26

| 도입부

친구의 전자책 리더기 고장냄
broke my friend's e-reader

I remember when I broke my friend's e-reader. I felt terrible about it.

친구의 전자책 리더기를 고장 냈던 때가 기억납니다. 너무나 미안했죠.

| 본문

- 휴가 때 읽으려고 빌림
  borrowed it for my vacation

- 커피 쏟아버림
  spilled coffee all over the
  e-reader

- 새것을 사줌
  bought him a new e-reader

My friend was a big reader, and he downloaded a lot of books onto his e-reader. There were some books that I wanted to read, so I borrowed it for my vacation. I was reading it sitting on a beach chair. I suddenly got thirsty and wanted to drink some coffee. After drinking a cup of coffee, I was about to sit on the chair and I just missed my step. So, I spilled coffee all over the e-reader. I tried to dry and clean it right away. But it didn't work at all, and I felt really sorry. So I bought him a new e-reader.

제 친구는 독서 광이어서 전자책 리더기에 정말 많은 책을 다운받았어요. 그 책들 중 제가 읽고 싶은 몇 권이 있어서 휴가 때 읽으려고 빌렸어요. 해변 의자에 앉아서 책을 읽고 있었죠. 갑자기 목이 말라서 커피를 좀 마시고 싶었죠. 커피 한 잔을 마신 뒤에, 의자에 앉으려고 하는데 발을 헛디뎌버렸어요. 그래서 커피를 전자책 리더기에 쏟아 버렸어요. 바로 말리고 청소를 시도했죠. 하지만 전혀 작동하지 않았고, 너무나 미안했어요. 그래서 친구에게 새 리더기를 사줬어요.

| 마무리

특히 더 조심함
extra careful

Now I'm extra careful when someone kindly let me borrow something.

이제는 누군가가 친절하게 그의 것을 빌려준다고 하면, 특히 더 신경 쓰고 있어요.

고득점 어휘/표현

어휘/표현

e-reader 전자책 리더기   be about to 막 ~하려는 참이다   miss one's step 발을 헛디디다   spill 쏟아지다   all over 곳곳에, 온 데   right away 곧바로, 즉시   careful 조심스러운, 주의 깊은

· 휴대폰 구매 질문

· 빌린 물건 고장 낸 상황 문제 해결

· 빌린 물건을 고장 낸 경험

STEP 1 기출 포인트 파악하기

가장 많이 나오는 2 COMBO 세트

❶ 건강한 사람의 습관

Describe a healthy person you know of. What makes that person healthy? Tell me everything about the things that make that person healthier.

당신이 알고 있는 건강한 사람에 대해 설명해 주세요. 그 사람이 건강한 이유가 무엇인가요? 그 사람을 더 건강하게 만드는 것에 대해 모두 말해주세요.

❷ 건강 관련 최근 뉴스나 이슈

Tell me about a recent news story that you saw related to health issues. Describe what the issue was about in detail. How did your community react to the news?

최근에 본 건강 문제와 관련된 뉴스에 대해 말해주세요. 무엇에 대한 문제였는지 자세히 설명해주세요. 지역 사회는 그 뉴스에 어떻게 반응했나요?

오픽 꿀팁 추가 빈출 문제

과거와 현재의 건강에 대한 인식 비교 (Q14)

Different generations have different views on what is healthy. Some generations think people have to be skinny in order to be healthy, while others believe people must be muscular. What did your parents' generation think people have to be like to be healthy? How does that compare to what your generation believe?

세대마다 건강에 대한 견해가 다릅니다. 어떤 세대는 사람들이 건강하기 위해서는 마른 체형이어야 한다고 생각하는 반면, 다른 세대는 근육질이어야 한다고 생각합니다. 여러분의 부모님 세대는 건강해지기 위해서 어떻게 되어야 한다고 생각했나요? 당신 세대가 믿는 것과 비교하면 어떻게 다른가요?

제시된 오늘의 어휘와 패턴을 익히고 답변에 사용하고자 하는 어휘나 패턴에 체크해보세요.

어휘

☐	~하려고 노력하다	try to
☐	과체중의, 비만의	overweight
☐	아령을 들다	lift weights
☐	팔굽혀펴기	push-ups
☐	훈련, 절제	discipline
☐	짜증나는	annoying
☐	건강을 유지하다	stay healthy
☐	소아 비만	children obesity
☐	보아 하니, 눈에 띄게	apparently
☐	증가하고 있는, 증가 추세인	on the rise
☐	활동하지 않는, 활발하지 못한	inactive
☐	제한, 규제	restrictions
☐	체육 수업	physical education class

패턴

• stay in shape   몸매를 유지하다, 건강을 유지하다

It's very important to him to stay in shape.
몸매를 유지하는 게 그에게 매우 중요합니다.

So many people are interested in how to _____.
정말 많은 사람들이 몸매를 유지할 수 있는 방법에 대해 관심을 가지고 있습니다.

• on top of   ~ 외에, ~ 뿐만이 아니라

On top of going to the gym, he does fifty push-ups every morning.
그는 체육관에 가는 것뿐만이 아니라 매일 아침마다 팔굽혀펴기 50회씩 하고 있습니다.

_____ avoiding junk food, I try to work out every day.
정크 푸드를 안 먹는 것뿐만이 아니라, 저는 매일 운동하려고 노력합니다.

• I'm not sure if   ~ 인지는 모르겠다

I'm not sure if it will get any better.
앞으로 상황이 나아질지 모르겠습니다.

_____ this diet can be helpful for my health.
이 식단이 제 건강에 도움을 줄지 모르겠습니다.

나만의 문장 만들기

주어진 우리말을 보고 빈칸을 채우고 아래 모범 답안을 확인해보세요.

❶ 건강한 사람의 습관

일주일에 여러 번 헬스장에 감	He goes to the gym [여러 번] a week.
매일 아침마다 팔굽혀펴기 50회씩 함	[~뿐만이 아니라] going to the gym, he does fifty [팔굽혀펴기] every morning.
식단에 신중한 편	He is very [~에 대해 신중한] his [식단].

❷ 건강 관련 최근 뉴스나 이슈 – 청소년 비만

청소년 비만 비율에 대한 기사를 봄	There was a news story recently about [청소년 비만 비율] in my country.
눈에 띄게 증가 추세임	[눈에 띄게] , it is [증가 추세인] .
지난 5년간 그 수가 20% 가까이 증가함	[~의 수] obese children in my country [증가했다] by 20% over the past five years.

❸ 건강 관련 최근 뉴스나 이슈 – 지역 사회의 반응

패스트푸드의 늘어난 인기를 탓함	Some people blamed [늘어나는 인기] of fast food.
아이들이 비디오 게임을 너무 많이 함	Others said kids [(시간을) 보내다] too much time playing video games these days,
정크 푸드나 비디오 게임에 대한 제재가 이루어질 수도 있음	There may be more [제재] on junk food and video games soon.

모범답안

❶ several times / On top of / push-ups/ careful about / diet
❷ the rate of childhood obesity / Apparently / on the rise / The number of / has risen
❸ the rising popularity of / spend / restrictions

실전 문제를 듣고 빈칸을 채우거나 소리내 말해보고 아래 모범 답안을 확인해보세요.

🔊 MP3 4_27

Q14 건강한 사람의 습관

Describe a healthy person you know of. What makes that person healthy? Tell me everything about the things that make that person healthier.

당신이 알고 있는 건강한 사람에 대해 설명해 주세요. 그 사람이 건강한 이유가 무엇인가요? 그 사람을 더 건강하게 만드는 것에 대해 모두 말해주세요.

모범답변

| 도입부

My brother [~하려고 노력하다] be very healthy. He used to be a little [살이 찐], so now it's very important to him to [건강을 유지하다].

제 남동생은 매우 건강해지려고 노력해요. 예전에 조금 살이 찐 편이었어서 지금은 몸매를 유지하는 게 그에게 매우 중요하죠.

| 본문

First, he goes to the gym several times a week. He runs on the treadmill and [아령을 들다]. On top of going to the gym, he does fifty push-ups every morning. It takes a lot of [훈련, 노력], but all the work really [효과가 있다]. Second, he is very careful about his diet. He [아예 정크 푸드를 먹지 않다] unless it's his cheat day. In fact, he eats a salad most days for lunch, and then he has a healthy meal for dinner. It's a little annoying because he judges me when I eat something unhealthy, like ramen. I think he's probably just [시기하는, 샘이 나는].

먼저, 그는 일주일에 여러 번 헬스장에 가요. 런닝머신을 하고 아령을 들죠. 체육관에 가는 것 뿐만이 아니라, 매일 아침마다 팔굽혀펴기 50회씩 하고 있어요. 많은 노력을 필요로 하지만, 모든 운동은 정말 효과가 있어요. 둘째로, 그는 식단에 매우 신중한 편이에요. 치팅 데이를 제외하고 정크 푸드는 아예 먹지 않아요. 사실, 대부분의 점심 식사는 샐러드로 하고, 저녁에는 건강한 식단으로 먹죠. 제가 라면같이 몸에 좋지 않은 음식을 먹을 때 동생이 뭐라고 하는 것이 조금 짜증날 때가 있어요. 아마 그냥 샘이 나서 그런 것 같아요.

| 마무리

Anyways, these are the ways that my brother [건강을 유지하다]. Maybe I should try harder, too.

아무튼, 제 남동생이 건강을 유지하는 방식은 이러해요. 저도 더 노력해야겠어요.

모범 답안

tries to / overweight / stay in shape / lifts weights / discipline / pays off / completely avoids junk food / jealous / stays healthy

Describe a healthy person you know of. What makes that person healthy? Tell me everything about the things that make that person healthier.

당신이 알고 있는 건강한 사람에 대해 설명해 주세요. 그 사람이 건강한 이유가 무엇인가요? 그 사람을 더 건강하게 만드는 것에 대해 모두 말해주세요.

모범답변   🔊 MP3 4_28

| 도입부

[   ]가 매우 건강해지려고 노력
[   ] tries to be very healthy

My brother tries to be very healthy. He used to be a little overweight, so now it's very important to him to stay in shape.

제 남동생은 매우 건강해지려고 노력해요. 예전에 조금 살이 찐 편이었어서 지금은 몸매를 유지하는 게 그에게 매우 중요하죠.

| 본문

• 일주일에 여러 번 헬스장에 감
  he goes to the gym several times a week

• 매일 아침마다 팔굽혀펴기 50회씩 함
  fifty push-ups every morning

• 식단에 매우 신중함
  very careful about his diet

First, he goes to the gym several times a week. He runs on the treadmill and lifts weights. On top of going to the gym, he does fifty push-ups every morning. It takes a lot of discipline, but all the work really pays off. Second, he is very careful about his diet. He completely avoids junk food unless it's his cheat day. In fact, he eats a salad most days for lunch, and then he has a healthy meal for dinner. It's a little annoying because he judges me when I eat something unhealthy, like ramen. I think he's probably just jealous.

먼저, 그는 일주일에 여러 번 헬스장에 가요. 런닝머신을 하고 아령을 들죠. 체육관에 가는 것뿐만이 아니라, 매일 아침마다 팔굽혀펴기 50회씩 하고 있어요. 많은 노력을 필요로 하지만, 모든 운동은 정말 효과가 있어요. 둘째로, 그는 식단에 매우 신중한 편이에요. 치팅 데이를 제외하고 정크 푸드는 아예 먹지 않아요. 사실, 대부분의 점심 식사는 샐러드로 하고, 저녁에는 건강한 식단으로 먹죠. 제가 라면같이 몸에 좋지 않은 음식을 먹을 때 동생이 뭐라고 하는 것이 조금 짜증날 때가 있어요. 아마 그냥 샘이 나서 그런 것 같아요.

| 마무리

이러한 방식임
these are the ways

Anyways, these are the ways that my brother stays healthy. Maybe I should try harder, too.

아무튼, 제 남동생이 건강을 유지하는 방식은 이러해요. 저도 더 노력해야겠어요.

고득점 어휘/표현

어휘/표현

overweight 과체중인, 살이 찐   stay in shape 몸매를 유지하다, 건강을 유지하다   on top of ~ ~뿐 아니라, ~의 위에   pay off (일 등이) 원하는 결과를 가져오다   discipline 훈련, 절제   judge ~을 비판하다

Q15 건강 관련 최근 뉴스나 이슈

Tell me about a recent news story that you saw related to health issues. Describe what the issue was about in detail. How did your community react to the news?

최근에 본 건강 문제와 관련된 뉴스에 대해 말해주세요. 무엇에 대한 문제였는지 자세히 설명해주세요. 지역 사회는 그 뉴스에 어떤 반응을 보였나요?

모범답변

| 도입부

There was a news story recently about the rate of 소아 비만 in my country. Apparently, it is 증가하는 .

최근에 우리 나라의 소아 비만 비율에 대한 뉴스가 있었어요. 눈에 띄게 증가 추세였죠.

| 본문

The news story said that ~의 수 obese children in my country has risen by 20% over the past five years. This data was shocking because we ~하는 경향이 있다 live healthy lifestyles in my country. Most people reacted by pointing the finger at one cause or another. Some people blamed the 많아지는 인기 of fast food. Others said kids spend too much time playing video games 요즘 , so they are too inactive. So, there may be more restrictions on junk food and video games soon. Oh, and schools took some of the blame too. People think children should get more exercise at school during their 체육 시간 .

뉴스에서 말하기를, 지난 5년간 우리나라에서 소아 비만의 수가 20% 가까이 증가했다고 하더군요. 우리나라 사람들은 건강한 생활을 하려는 경향이 있어서 그 수치가 충격적이었어요. 대부분의 사람들은 한두 가지 원인을 탓하는 식으로 반응했어요. 몇몇은 패스트푸드가 인기가 많아진 탓이라고 했어요. 다른 이들은 요즘 아이들이 비디오 게임을 너무 많이 해서, 너무 활동량이 적다고 했죠. 그래서 곧 패스트푸드와 비디오 게임에 대한 제재가 더 늘어날지도 몰라요. 아, 그리고 학교도 일부 비난을 받았어요. 사람들은 학생들이 학교 체육 시간에 더 많은 활동을 해야 한다고 생각하거든요.

| 마무리

That's all I can remember about the issue. ~인지 잘 모르겠다 it will get any better.

소아 비만 문제에 대해 기억나는 건 이게 전부예요. 앞으로 상황이 나아질지 모르겠어요.

모범답안

childhood obesity / on the rise/ the number of / tend to / rising popularity / these days / physical education classes / I'm not sure if

Q15 건강 관련 최근 뉴스나 이슈

Tell me about a recent news story that you saw related to health issues. Describe what the issue was about in detail. How did your community react to the news?

최근에 본 건강 문제와 관련된 뉴스에 대해 말해주세요. 무엇에 대한 문제였는지 자세히 설명해주세요. 지역 사회는 그 뉴스에 어떤 반응을 보였나요?

모범답변    MP3 4_30

| 도입부

소아 비만 비율에 관한 뉴스
a news story about the rate of childhood obesity

There was a news story recently about the rate of childhood obesity in my country. Apparently, it is on the rise.

최근에 우리 나라의 소아 비만 비율에 대한 뉴스가 있었어요. 눈에 띄게 증가 추세였죠.

| 본문

- 지난 5년간 20% 가까이 증가
  has risen by 20% over the past five years

- 패스트푸드의 늘어난 인기를 탓함
  blamed the rising popularity of fast food

- 아이들이 비디오 게임에 많은 시간 보냄
  kids spend too much time playing video games

The news story said that the number of obese children in my country has risen by 20% over the past five years. This data was shocking because we tend to live healthy lifestyles in my country. Most people reacted by pointing the finger at one cause or another. Some people blamed the rising popularity of fast food. Others said kids spend too much time playing video games these days, so they are too inactive. So, there may be more restrictions on junk food and video games soon. Oh, and schools took some of the blame too. People think children should get more exercise at school during their physical education classes.

뉴스에서 말하기를, 지난 5년간 우리나라에서 소아 비만의 수가 20% 가까이 증가했다고 하더군요. 우리나라 사람들은 건강한 생활을 하려는 경향이 있어서 그 수치가 충격적이었어요. 대부분의 사람들은 한두 가지 원인을 탓하는 식으로 반응했어요. 몇몇은 패스트푸드가 인기가 많아진 탓이라고 했어요. 다른 이들은 요즘 아이들이 비디오 게임을 너무 많이 해서, 너무 활동량이 적다고 했죠. 그래서 곧 패스트푸드와 비디오 게임에 대한 제재가 더 늘어날지도 몰라요. 아, 그리고 학교도 일부 비난을 받았어요. 사람들은 학생들이 학교 체육 시간에 더 많은 활동을 해야 한다고 생각하거든요.

| 마무리

이것이 기억하는 전부
That's all I can remember

That's all I can remember about the issue. I'm not sure if it will get any better.

소아 비만 문제에 대해 기억나는 건 이게 전부예요. 앞으로 상황이 나아질지 모르겠어요.

고득점 어휘/표현

어휘/표현

childhood obesity 소아 비만   apparently 보아하니, 분명히   be on the rise 증가하고 있다   point the finger at ~ ~을 비난하다
inactive 활동하지 않는, 활발하지 못한   restriction 제한, 규제   physical education class 체육 수업

• 건강한 사람의 습관

• 건강 관련 최근 뉴스나 이슈